VICTOR CAMBON

L'ALLEMAGNE AU TRAVAIL

PIERRE ROGER & Cie
EDITEURS

L'ALLEMAGNE AU TRAVAIL

“ Les Pays Modernes ”

CHAQUE VOLUME IN-8 ÉCU, BROCHÉ . . . . 4 fr. »

L'Italie au travail, par L. BONNEFON-CRAPONNE, conseiller du commerce extérieur de la France, président de la Fédération industrielle d'Italie, 26 photogr. hors-texte et 1 carte (2e *édit.*).

La France au Travail. — I. *Lyon, Saint-Étienne, Dijon, Grenoble*, par Victor CAMBON, ingénieur E. C. P., 20 photogr. hors texte et 1 carte; II. *En suivant les côtes : de Dunkerque à Saint-Nazaire*, par M.-A. HÉRUBEL, docteur ès sciences, 20 photogravures et 1 carte; III. *Bordeaux, Toulouse, Montpellier, Marseille, Nice*, par Victor CAMBON, ing. E. C. P., 22 photogr. et 1 carte.

La Belgique au Travail, par J. IZART, ingénieur civil, 20 photogravures hors texte (6e *édition*).

La Russie et ses richesses, par Étienne TARIS, ingénieur, ancien élève de l'École polytechnique, 24 photogravures hors texte et 1 carte (4e *édition revue et augmentée*).

Aux Pays balkaniques après les guerres de 1912-1913, par A. MUZET, ingénieur civil, 26 photograv. hors texte, 1 carte. (*Nouv. édit.* 1914.)

L'Allemagne au Travail, par Victor CAMBON, Ingénieur E. C. P., 20 photogravures hors texte (12e *édition*).

Les derniers progrès de l'Allemagne, par V. CAMBON, ing. E. C. P., 21 photogr. hors texte, graphique et plans (8e *édit.*).

Le Canada : *Empire des blés et des bois*, par A.-G. BRADLEY, traduit par G. FEUILLOY, 20 photogr. h. texte et 1 carte (8e *édit.*).

L'Amérique au Travail, par J. FOSTER FRASER, traduit par M. SAVILLE, 32 photogravures (12e *édit.*).

Le Mexique moderne, par BIGOT, ingénieur A. M., 26 photogravures hors texte (5e *édition*).

Panama : **L'œuvre gigantesque**, par J. FOSTER FRASER, adapté de l'anglais par G. FEUILLOY, 20 photogr. h. texte et 1 carte (3e *édit.*).

Les Cinq Républiques de l'Amérique centrale, par le comte M. de PÉRIGNY, 26 photogravures hors texte, 1 carte. (*Epuisé.*)

L'Argentine moderne, par W. H. KŒBEL, traduit de l'anglais par M. SAVILLE et G. FEUILLOY, 24 phot. hors texte (7e *édition*).

Aux Pays de l'or et des diamants, par H. H. FYFE, *Cap, Natal, Orange, Transvaal, Rhodésie*, adapté de l'anglais par G. FEUILLOY, 22 photogravures hors texte et 1 carte (4e *édition*).

L'Australie : Comment se fait une nation, par J. FOSTER FRASER, adapté de l'anglais par G. FEUILLOY, 20 photogravures hors texte, 1 carte (5e *edition*).

La Chine Moderne, par Edmond ROTTACH, 26 photogravures hors texte, 1 carte (4e *édition*).

Etats-Unis — France, par Victor CAMBON, 26 photogravures hors texte, carte et plan (6e *édition*).

A travers la Hollande, par LÉON GÉRARD, 48 illustrations à la plume par J.-B. HEUKELOM. 1 volume in-8 carré. Broché. . . . . 3 fr. 50

VICTOR CAMBON
Ingénieur des Arts et Manufactures

L'ALLEMAGNE AU TRAVAIL

AVEC 20 PLANCHES EN HORS-TEXTE

Treizième édition

PARIS
PIERRE ROGER ET Cie, ÉDITEURS
54, RUE JACOB, 54

Préface

Depuis trente-cinq ans, des explorateurs nombreux, parmi lesquels beaucoup de Français, ont découvert l'Allemagne. Leurs observations reflètent, avec la psychologie de leurs auteurs, l'état des rapports entre les deux peuples à la date où elles furent produites, et quelquefois aussi la préoccupation de flatter les sentiments du lecteur français plutôt que de servir la vérité.

Après la guerre, grâce à l'éloignement où un patriotisme plus ombrageux que raisonné nous tenait de l'Allemagne, nous vécûmes quinze ans sur des récits fantaisistes, nous montrant cet empire tout neuf prêt à se dissoudre au lendemain de sa victoire, et nous endormant dans des illusions qui nous firent beaucoup de mal.

Le réveil fut sonné par quelques écrivains, qu'on ne crut guère d'abord, tant les illusions étaient tenaces. L'un des premiers, J.-J. Weiss dans son « Au Pays du Rhin » *jeta un cri d'alarme qu'il termina fâcheusement sur une note découragée; et lorsque, en 1887, l'auteur du présent travail publia une première étude sur les progrès économiques de l'Allemagne*[1]*, il rencontra plus de scepticisme que de créance.*

C'est à peine si cette mentalité, alors générale, nous semble aujourd'hui avoir pu exister, tant se sont multipliés, depuis, sur ce pays, les récits dithyrambiques et les

1. *De France en Allemagne.*

statistiques stupéfiantes. Le dénigrement systématique a fait place à une admiration parfois excessive. La plupart des visiteurs de l'Allemagne reviennent émerveillés de l'ordonnance imposante et de la précision de ses services publics, aveuglés de l'éclat de ses lumières, frappés de stupeur devant les résultats de son industrie et de son commerce.

Je ne les contredirai point, tout en regrettant que cette admiration les rende souvent injustes pour nous. Plus d'un ressemble à ces braves gens qui n'ont jamais eu le temps d'entrer au Louvre et qui, dans les villes où ils passent, ne feraient pas grâce à la plus modeste collection. Tout leur est matière à extase, parce que les points de comparaison leur font défaut et il leur arrive de vanter en Allemagne ce qu'ils ne connaissent pas en France.

Ces errements seraient sans gravité s'ils ne produisaient un résultat auquel leurs auteurs ne songent point. Croyant donner un utile coup de fouet à des compatriotes attardés, ils favorisent contre eux des concurrents déjà suffisamment redoutables, pour qui ces éloges sont une irrésistible réclame.

Non moins dangereux certains voyages en commun que nos compatriotes, pris d'un beau zèle, organisent parfois avec tambours et trompettes en pays allemand.

Et je fais ici une allusion toute particulière à une imprudence sur laquelle nos consuls et conseillers du commerce extérieur ont exprimé leurs regrets.

Il y a quelques temps, les représentants d'une grande industrie française organisèrent une caravane vers une ville allemande où fleurit une industrie similaire. Ils partirent au nombre de cent cinquante, donnant à cette mobilisation le nom malencontreux de Voyage d'étude.

Accueil bienveillant, réceptions, banquets, toasts, pro-

menades dans les lieux publics, représentations théâtrales, furent prodigués aux visiteurs ; on leur fit même voir quelques usines ; mais tout le monde sait qu'en pareil cas on ne montre que ce que l'on ne veut pas cacher.

Les journaux parlèrent à l'envi, copieusement, du Voyage d'étude *des aimables concurrents français, si bien qu'il suffit aux commis voyageurs allemands d'emporter ces gazettes dans leur valise pour convaincre leur clientèle mondiale que les Français viennent apprendre chez eux cette industrie ; ils ne s'en firent faute. Et pourtant il s'agissait d'une production où l'Allemagne n'a pas d'avance sur nous.*

Les quelques centaines de milliers d'Allemands qui, en France, en Angleterre, en Amérique, ont pénétré des secrets de fabrication dont ils ont doté leur patrie s'y prennent d'autre sorte. On les rencontre partout, isolés, modestes, parlant la langue du pays dont l'activité les attire ; ils fréquentent les lieux publics, écoutent et notent les conversations, s'engagent comme employés, ouvriers même, dans les usines, font preuve d'un zèle et d'une assiduité qui forcent la confiance ; puis, au bout de six mois, un an, deux ans, subitement prennent congé. Leur instruction est faite. Voilà le vrai voyage d'étude. Ainsi, ils apportent leur pierre à l'édifice géant de la production allemande, auquel toutes les forces du pays travaillent avec une énergie disciplinée sous la tutélaire égide d'une administration incomparable.

Pour l'écrivain, la limite est difficile à saisir entre la description élogieuse et la réclame involontaire, entre la page qui provoque l'effort et celle qui décourage la bonne volonté.

Vanter l'ébénisterie de Darmstadt, c'est dénigrer le faubourg Saint-Antoine, qu'elle n'est pourtant pas près d'éga-

ler. Mais dire que les houillères de Westphalie sont autrement outillées que celles de Saint-Étienne, est aviser nos compagnies françaises qu'elles retardent ; avertissement qui ne favorise en rien la vente du charbon allemand.

Un enseignement plus profitable encore sera de signaler au public des nouveautés qu'il ignore et d'ouvrir son esprit sur des horizons insoupçonnés.

Le voyageur français est incliné par nature à comparer ce qui se fait là à ce qui se fait ici, puis il aime à conclure. Ne vaut-il pas mieux laisser le lecteur tirer lui-même ses conclusions ?

Sur un point, cependant, il est impossible de ne pas signaler des contrastes, c'est entre les administrations des deux pays.

Que de fois j'ai vu les Allemands étonnés de nos méthodes administratives !

Et ce mot administration *est exclusif chez eux de toute signification politique. Si nous confondons ces deux termes, eux ne les confondent jamais. La politique est une chose, l'administration en est une autre. Je sens très bien en écrivant ceci que beaucoup de mes compatriotes ne me comprendront pas, et qu'il faut avoir vécu à l'étranger pour le bien percevoir ; peut-être le saisiront-ils mieux après avoir lu ce livre.*

C'est en étudiant non seulement les résultats mais surtout les causes de l'expansion allemande que de telles assertions se confirment. Séjournant souvent en Allemagne, je parlerai seulement de ce que je connais bien, c'est-à-dire de la production qui est mon métier, et placerai constamment le lecteur en face de faits précis, sûr moyen, je crois, de le convaincre et de l'instruire.

(*Cliché Siemens-Schuckert*)

Le Wagon électrique automoteur Siemens-Schuckert. (Vitesse, 210 km. à l'heure.)

L'Allemagne au Travail

CHAPITRE I

Les Origines

Il y a cinquante ans. — Le culte pour la science. — Echec de la première poussée industrielle. — Le raffermissement. — L'impulsion donnée par Guillaume II.

C'était, il y a cinquante ans, un pays bien pauvre que l'Allemagne; les Allemands d'aujourd'hui n'y contredisent pas. Il semblait que la nature et les hommes se fussent conjurés jusque-là pour l'empêcher de prospérer.

Dépeuplée et ravagée au dix-septième siècle par la guerre de Trente ans, secouée au dix-huitième par d'autres guerres, et pressurée par une pléiade de principicules avides, jouant aux grands souverains aux dépens de leurs peuples, l'Allemagne est encore au commencement du dix-neuvième le théâtre sanglant des guerres de la Révolution et de l'Empire. Quand elle retrouve la paix, reparaissent les petits princes, moins nombreux toutefois, car Napoléon en a détrôné plus d'un que la Sainte-Alliance ne rétablit pas; bienfait dont les Allemands sont encore reconnaissants à l'empereur, malgré le mal qu'il leur a causé.

Vers 1830, le Zollverein établit un premier lien entre ces éléments épars qui cherchent à se rassembler.

Enfin, l'heure de la Prusse arrive; 1864, 1866, 1870 affirment son hégémonie. Sous son égide, l'unité allemande est créée. Le pays va pouvoir se développer.

Mais, géographiquement, les 540 000 kilomètres carrés qui le composent sont de valeur très inégale. Les vallées moyennes de ses cours d'eau sont fertiles, mais deviennent sablonneuses, tourbeuses et stériles vers leurs embouchures, toutes orientées au nord. Les chaînes de montagnes (Hartz, Forêt-Noire, Taunus, Franconie, Thuringe), peu élevées, sauf dans la haute Bavière, forment le domaine incontesté de la forêt, ce qui a du moins l'avantage de rendre les rivières facilement navigables. Une infinité de lagunes et de dunes parallèles aux côtes de la Baltique, des tourbières interminables le long de la mer du Nord, enlèvent à la culture des milliers et des milliers d'hectares. Aucune rade naturelle, sauf celle de Kiel qu'il a fallu enlever au Danemark. Tous les ports creusés dans les estuaires des fleuves exigent des travaux incessants de dragage et d'entretien et sont, pendant plusieurs mois d'hiver, obstrués par les glaces.

A part les abondants bassins houillers de Westphalie, de Silésie et de Saxe et les gisements potassiques de Stassfurt, l'Allemagne possède peu de ressources minières, car le Hartz, exploité depuis de longs siècles, est à peu près épuisé.

Aucune frontière naturelle invulnérable ne la met à l'abri des envahissements; une armée nombreuse lui est toujours indispensable.

Pour qu'une race séculaire ait pu asseoir sur des

bases aussi incertaines un empire puissant et prospère, il lui fallait de singulières qualités d'union, d'énergie et d'opiniâtreté.

Elle y est parvenue et de plus a donné au monde le spectacle inattendu d'un peuple vieux qui s'est rajeuni.

Au temps de la médiocrité, quelques rares parcelles du pays germain présentaient l'aspect d'une certaine activité industrielle, financière et commerciale: les villes libres, Hambourg, Francfort, Brême, la Prusse rhénane, les régions minières de Freiberg et du Hartz, certaines parties privilégiées de la Saxe.

Tout le reste, condamné à l'impuissance politique et à l'indigence, enveloppé d'une atmosphère féodale, se nourrissait le corps de bière et de pain de seigle et l'esprit de philosophie, de littérature, de science.

Le jour du réveil, les Allemands n'oublièrent pas qu'ils étaient des savants, et c'est à la science qu'ils demandèrent les éléments et les procédés de leur développement. La formation éminemment scientifique est la caractéristique de l'Allemagne actuelle.

Aucun autre grand pays, ni la France avec ses procédés artistiques et traditionnels, ni l'Angleterre avec ses praticiens ingénieux, hardis mais empiriques, ni l'Amérique avec ses inventeurs intuitifs, entreprenants, dédaigneux des chemins battus, n'offrent, au même degré que le peuple allemand, l'application rationnelle et systématique de la connaissance scientifique.

Pour les Allemands, l'instruction est la base de tout, et ils n'hésitent pas à faire remonter à leurs grands savants: Humboldt, Liebig, Hoffmann, Thaer, Bunsen, etc., la genèse de leurs progrès.

Dès que leur unité fut un fait accompli, à la suite de succès militaires qui leur donnèrent en eux-mêmes une confiance illimitée, ils crurent le moment venu de se lancer dans la carrière industrielle. Les milliards qu'ils avaient conquis leur semblaient une mise de fonds suffisante pour tout entreprendre. Il y eut une poussée générale. Mais ce premier démarrage ne fut pas heureux : soit que l'expérience leur manquât, soit qu'ils eussent trop compté sur des ressources rapidement dissipées.

Faire remonter à 1871 les premiers efforts de l'industrie allemande est exact; mais attribuer aux 5 milliards la cause de son développement actuel, est une erreur.

En effet, dès 1874, une crise terrible s'appesantit sur tout le pays, si cruellement que Bismarck, comparant, à l'Allemagne de nouveau appauvrie, la France en plein relèvement, crut avoir manqué son œuvre et pensa à recommencer la guerre. Fort heureusement, de puissantes interventions l'arrêtèrent.

L'industrie allemande oscilla longtemps avant de reprendre son équilibre. Nombreuses furent les victimes de la tourmente. Dans mes premiers voyages j'en rencontrais souvent des épaves : anciens chefs de firmes grisonnants devenus pauvres et modestes employés de comptoirs.

Grâce à l'énergie et à la persévérance de tous, la situation se rétablit, mais lentement, et le véritable essor date réellement de 1885.

C'est depuis cette époque que les statistiques dans toutes les branches prennent cette progression géométriquement croissante dont l'Europe n'a jamais présenté semblable exemple.

Ainsi, pour ne citer que celles-là, les deux productions où se mesure le plus fidèlement l'activité d'un peuple, la houille et le fer, passèrent successivement par les chiffres suivants :

Combustibles minéraux : en 1886, 72 millions de

tonnes; 1893, 93 millions; 1903, 180 millions; 1906, 225 millions. D'après les statistiques mensuelles, ils atteindraient actuellement 250 millions.

Fonte de fer: 1886, 2 700 milliers de tonnes; 1893, 4 980; 1903, 10 900; 1906, 12 500; 1907, 13 200; 1910, plus de 15 000.

Depuis plusieurs années cette dernière production dépasse celle de l'Angleterre. L'adoption générale par l'Allemagne des nouveaux procédés Thomas et Gilchrist pour l'aciération de la fonte lui a valu cette supériorité. Nous verrons qu'en toute chose, c'est par des perfectionnements et des procédés nouveaux que l'Allemagne arrive à dominer ses concurrents.

Guillaume II en montant sur le trône impérial a pu saluer les premiers succès de l'industrie allemande. Il en a été constamment le promoteur ardent, infatigable et démonstratif.

Une des principales qualités de l'Allemand est d'être logique, une deuxième — du moins jusqu'ici — fut d'être prolifique.

Grâce à la première, il comprit sans peine que la seconde, s'exerçant dans un pays de ressources naturelles fort limitées, le conduirait fatalement à la condition la plus misérable.

Pas de colonies pour recevoir les excédents de population; on avait bien l'émigration dans les cinq parties du monde, et cet exode atteignit certaines années le chiffre de 150 000 personnes; mais l'augmentation de population s'élevait annuellement à plus de 800 000. On était moins de 36 millions en 1870, on est aujourd'hui plus de 65.

Il fallait vivre; et comme on ne pouvait plus, suivant l'antique méthode brandebourgeoise, se jeter sur les voisins (Saxons, Polonais ou Silésiens) pour vivre à leurs dépens, on demanda des ressources au travail et à la science.

La science et le travail répondirent à l'appel: ils apportèrent successivement les moyens de production, l'aisance et finalement la richesse. Nécessité fut mère de l'industrie.

Mais en même temps, le caractère et l'aspect du pays se modifièrent complètement. L'excédent de population rurale quitta les campagnes pour affluer dans les villes, ou, plus généralement, les habitants des provinces pauvres de l'Est et du Nord-Est (Pologne prussienne, Poméranie) se dirigèrent vers Berlin et vers les centres industriels de l'Elbe et du Rhin; les villes s'accrurent d'une façon soudaine. En moins d'un demi-siècle, on les a vues doubler, quintupler, quelques-unes même décupler.

Partout, des usines, des cheminées, des ateliers, des gares monumentales s'élevèrent comme par enchantement et, de nation agricole, l'Allemagne devint industrielle, à la façon de la Belgique ou de l'Angleterre. Dès lors, des tendances économiques nouvelles se firent jour.

Malgré d'intensifs efforts, la culture indigène n'arrive plus à nourrir les habitants; il faut demander à l'importation un appoint considérable pour l'alimentation et le payer par l'exportation des produits de l'industrie.

De là un antagonisme permanent entre les consommateurs urbains, commerçants, ouvriers, industriels, qui réclament le pain à bon marché, c'est-à-dire la libre entrée des denrées, et les propriétaires ruraux, les agrariens qui veulent défendre les prix.

La lutte, qui atteint sur certains points un degré très aigu, s'est transportée dans le parlement, et c'est cette question qui, en somme, divise le peuple allemand en deux camps bien tranchés et irréductibles.

On compare souvent l'Allemagne et les Etats-Unis. Les progrès réalisés par ces deux peuples depuis vingt-cinq ans ont été simultanés et tiennent du prodige; mais la question agraire les différencie essentiellement.

Nous voyons d'une part les quatre-vingt-cinq millions d'habitants de la grande République disséminés sur un espace immense, inépuisable en ressources, où indéfiniment des terres vierges à cultiver, des forêts à défricher, des richesses naturelles à mettre en valeur s'offrent aux nouveaux arrivants, et de l'autre une nation resserrée entre des limites étroites, occupant un sol inextensible dont une partie serait improductive sans d'énergiques efforts, et le couvrant de cent vingt-cinq habitants par kilomètre carré, enfin, ne possédant dans son sous-sol que des gisements déjà connus et exploités et en quantités, sauf le charbon, insuffisantes pour son industrie.

A ces causes d'infériorité, l'Allemand a dû suppléer par son labeur, sa ténacité disciplinée et surtout, je le répéterai, par la direction scientifique de sa productivité.

Tous, le gouvernement comme les particuliers, comprennent que l'instruction, non seulement générale, mais professionnelle, est d'autant plus indispensable que l'Allemand n'est pas apte par tempérament à exercer un métier sans l'avoir appris.

La prodigieuse expansion industrielle de l'Allemagne resterait inexplicable si sa description n'était précédée d'une visite à ses établissements d'enseignement professionnel.

CHAPITRE II

L'Instruction professionnelle

La science base de tout. — Les Universités. — L'Université de Leipzig. — Les écoles polytechniques supérieures. — Le titre de docteur. — Le Polytechnicum de Hanovre. — Chacun se spécialise. — Un architecte est un ingénieur. — Les plafonds lumineux. — Le Polytechnicum de Danzig — Des ingénieurs pour la marine. — École-usine. — Guerre au vertige. — Souvenirs français.

Le voyageur qui traverse l'Allemagne est généralement frappé de ce qu'aucune maison isolée ne s'élève à travers les terres cultivées. Les habitations rurales sont groupées en des agglomérations assez denses, formant parfois de vraies petites villes.

Il ne manque pas d'attribuer cet état de choses à l'esprit d'association si développé dans la race germanique qu'un homme vivant isolé de ses semblables lui paraît une anomalie.

Mais il y a une raison autrement péremptoire. La plupart des gouvernements allemands interdisent la construction d'habitations éloignées du centre des villages pour ce motif, avoué et accepté de tous, que les enfants, par les mauvais jours, seraient exposés à manquer l'école.

Ainsi, le culte pour l'instruction est tel qu'on lui sacrifie, de propos délibéré, une des libertés primordiales du citoyen. Inutile d'ajouter que les parents sont responsables du plus ou du moins d'assiduité des enfants à l'école. Toute absence accidentelle doit être justifiée; faute de quoi, le père encourt une sévère pénalité impitoyablement appliquée.

Les chefs d'industrie qui ont des usines en pleine campagne et y logent quelques contremaîtres ou ouvriers, doivent assurer aux enfants de ces derniers le transport en voiture jusqu'à l'école la plus voisine.

Si l'agglomération ouvrière est plus importante, une école publique y est créée, ordinairement par les soins et avec la subvention du patron.

Ce régime qui oblige les cultivateurs à vivre en demi-citadins relève sensiblement leur intellectualité; ils trouvent dans cette agglomération tous les éléments d'une vie sociale complète: lieux de réunion, journaux, cafés, bibliothèques, associations de toutes sortes; on objectera qu'ils sont obligés à de longs parcours pour se rendre aux champs qu'ils cultivent; mais, le plus souvent, des chariots ou des voitures les y transportent, et, d'autre part, les facilités d'existence que leur offre la vie au milieu de leurs compatriotes et de tous les fournisseurs dont ils ont besoin compensent largement cet inconvénient. Leur tenue s'en ressent; l'on distingue difficilement en Allemagne, un paysan d'un ouvrier endimanché, et surtout on n'y rencontre point, comme dans certains départements reculés de la France, de ces êtres d'aspect sauvage, aux accoutrements inexpressibles, vivant seuls dans des chaumières perdues, à la façon d'hommes préhistoriques.

Résultat de cette législation et de ces mœurs : il n'y a pas en Allemagne un millième d'illettrés. Mais cette constatation me paraît insuffisante. Il importe peu qu'un homme ait appris à lire, si, sa vie durant, il ne lit jamais. Or, on voit des journaux et des livres dans les mains et dans la demeure des Allemands de toutes les conditions.

L'instruction primaire ou secondaire en Allemagne a deux caractères qui manquent généralement ailleurs. Elle ne comporte pas pour l'enfant une interruption de la vie de famille et elle est un acheminement vers un enseignement professionnel d'un degré plus ou moins élevé, à la fois théorique et pratique.

Tout a été dit sur les méthodes pédagogiques de l'instituteur allemand, les leçons de choses, les collections d'objets de toutes sortes dont il dispose, l'enseignement par les yeux, le raisonnement, le sens pratique, autant que par la mémoire, les promenades instructives, etc.

Il n'existe guère d'Allemand qui ne reçoive un enseignement professionnel quelconque. Dans ce pays où à peu près tout le monde travaille, règne la conviction qu'on ne peut exercer un métier défini sans l'avoir appris théoriquement et pratiquement. Ce principe a conduit à l'installation d'une innombrable quantité d'établissements impériaux, royaux, municipaux ou privés où la nation puise sa force intellectuelle et productrice.

Les plus anciens et les plus connus sont ses universités au nombre de vingt-deux. Chacun des Etats de la Confédération s'efforçait naguère d'avoir la sienne. La chronologie de leur fondation s'étend de 1386 (Heidelberg) à 1818 (Bonn). Leur ancienneté est pour elles un titre de noblesse: Heidelberg est restée la plus aristocratique. Mais Berlin, qui ne date que de 1809, compte le plus grand nombre d'étudiants. La plus célèbre est celle de Leipzig (1409) qui s'enorgueillit d'avoir eu parmi ses professeurs, Leibnitz, et, comme étudiants, Gœthe et Richard Wagner[1]. L'illustre physiologiste Wündt y professe actuellement.

Bien que les universités allemandes jouissent d'une autonomie et d'une liberté d'allures inconnues chez nous, tout y est hiérarchisé et un peu solennel.

Le grand maître de l'Université de Leipzig porte le titre scolastique de *Rector magnificus*. Autour de lui, une légion de professeurs dont les autres universités se disputent à prix d'or les plus illustres. Les cours sont innombrables, répartis en soixante-quatre branches différentes. L'enseignement s'applique à la théologie, au droit, à la philosophie, à la médecine, aux langues, aux mathématiques, aux études financières, à la philologie, aux sciences naturelles, à l'astronomie, à la pédagogie, à la chimie, à la pharmacie, à la chirurgie dentaire, à l'agriculture, à l'art vétérinaire, avec d'interminables subdivisions.

Le nombre des étudiants qui fréquentent l'Université de Leipzig s'élève en ce moment même à 5 240 parmi lesquels on compte environ 600 étrangers, dont 4 français, tous les quatre étudiants en philosophie. Près de la moitié de ces étrangers sont des Russes. Enfin, on compte une centaine d'étudiantes.

Le budget annuel de l'Université s'élève à près de 4 millions de francs[2], sur lesquels 2 millions et

1. Villes universitaires et date de leur fondation : Heidelberg, 1386 ; Leipzig, 1409 ; Rostock, 1417 ; Fribourg en Brisgau, 1457 ; Greifswald, 1457 ; Munich, 1472 ; Tubingue, 1477 ; Kœnigsberg, 1544 ; Iéna, 1558 ; Strasbourg, 1567 ; Wurtzbourg, 1582 ; Giessen, 1607 ; Kiel, 1665 ; Halle-sur-Saale, 1694 ; Gœttingue, 1737 ; Erlangen, 1743 ; Marbourg, 1750 ; Berlin, 1809 ; Breslau, 1811 ; Bonn, 1818 ; plus les deux facultés, c'est-à-dire des universités incomplètes de Munster (Prusse) et Brunsberg. Au total environ 40 000 étudiants.

2. Dans les évaluations, le mark de 1 fr. 24 a été ramené au franc.

demi sont fournis par le gouvernement saxon, et 700 000 francs constitués par les revenus de legs et dons; on ne manquera pas de remarquer l'énormité de cette dernière somme.

Le traitement des professeurs et du personnel absorbe plus d'un million et demi, et une somme égale est dépensée dans les *instituts*.

La façade de l'édifice somptueux qui est le siège de l'Université de Leipzig s'élève sur la principale place de la ville. Il est de plusieurs époques, mais a été restauré et considérablement agrandi dans ces dernières années. Il renferme l'administration, le hall et les salons d'honneur, un escalier monumental et les salles de cours, qui ne demandent aucune opération manuelle, tels que la théologie, la philosophie, les mathématiques pures, le droit et les lettres.

A une certaine distance, un palais tout neuf (1893), d'une décoration grandiose mais sobre, œuvre de l'architecte Arwed Rosbach, qui n'a pas coûté moins de 3 millions, renferme la plus riche bibliothèque d'université qui soit au monde, avec ses 550 000 volumes et ses 5 000 manuscrits. En vertu de cette prévoyance de l'avenir qui caractérise les œuvres allemandes modernes, on a ménagé la place de 1 200 000 à 1 300 000 volumes.

Si l'on se dirige vers un des nouveaux quartiers à l'est de la vieille ville, on rencontre deux rues qui se croisent à angle droit, la rue Liebig et la rue Linné. Ces deux rues sont bordées à droite et à gauche de beaux jardins séparés les uns des autres par des clôtures; dans chacun de ces jardins, une construction plus ou moins vaste, villa ou monument; on en compte plus de trente. Ce sont les instituts de l'Université. Ils s'étendent dans l'espace sur une longueur de plusieurs kilomètres et dans le temps de 1850 à 1904.

A leur énumération, il faudrait ajouter un certain nombre d'établissements qui en sont le complément nécessaire. Le dernier en date est l'Institut agronomique (1904), fréquenté en ce moment par près de trois cents élèves, qui revient à plus de 1 million.

L'Université de Leipzig a célébré pendant l'été de 1909, par des fêtes grandioses, le cinq centième anniversaire de sa fondation. Elle a fait élever, à cette occasion, près du parc des jeux publics, un monument et une enceinte où 20000 personnes ont pu trouver place.

Les Universités, quelle que soit l'orientation aussi pratique que théorique de leur enseignement, ne concourent guère à la formation technique des ingénieurs et des industriels. Seuls, les instituts de chimie, de physique et de sciences naturelles abordent des questions utiles à ces derniers.

La pépinière d'où sort l'ingénieur, le chef d'industrie, c'est le *Polytechnicum*, qui n'a que le nom de commun avec la création française de Monge.

Les *Polytechnicums*, institutions dépendant respectivement de l'Etat dans lequel elles sont situées, sont au nombre de onze et ont leurs sièges dans les villes de: Aix-la-Chapelle, Berlin (Charlottenburg), Brunswig, Carlsruhe, Darmstadt, Dresde, Hanovre, Munich, Stuttgard, Danzig et Breslau inauguré en 1910 par l'Empereur qui a manifesté une fois de plus la faveur dont il entoure l'enseignement technique. L'Ecole royale supérieure des mines se trouve à Freiberg (Saxe). Plus de douze mille élèves sont inscrits dans ces douze écoles, et comme la durée des études y est de quatre années, c'est trois mille ingénieurs environ qu'ils fournissent annuellement à l'industrie.

Jusqu'à ces derniers temps, les universités avaient

seules le droit de conférer le titre de *docteur*, grade suprême dans la science allemande. Aussi les universités se sont-elles toujours considérées et voudraient-elles se considérer encore comme les seuls foyers d'enseignement supérieur. Mais, depuis que les cerveaux allemands, abandonnant les études purement spéculatives, se sont lancés dans le mouvement industriel, une poussée d'opinion s'est manifestée en faveur des écoles polytechniques et on a voulu les mettre sur le même pied que les universités. La lutte fut vive, acharnée et passionna tout le pays, que rien de ce qui touche à l'instruction ne laisse indifférent.

Ce conflit est absolument symptomatique; il représente la résistance de l'Allemagne ancienne à l'Allemagne moderne.

La transformation brusque d'une confédération intellectuellement et politiquement passive, à allures paisibles et spéculatives, imbue de traditions séculaires en un peuple pratique, combatif, entreprenant, ne pouvait se faire sans froissement. De quel œil les solennels docteurs en philosophie, les théologiens ou les philologues, héritiers des Hégel, des Kant ou des Lessing, devaient-ils considérer ces hommes modern-style qui se réclament des procédés et de l'allure des Américains du Nord?

Et il faut connaître le prestige qui s'attache au titre de docteur en cette Allemagne où la hiérarchie sociale est si rigoureusement observée, où l'on est aussi fier de ce parchemin que des armoiries de duc ou de comte. Un docteur est toujours désobligé quand on ne le désigne pas par son titre. Dieu me garde de trouver puériles ces prétentions, conséquence directe du respect que le monde allemand porte au savoir!

Cette nouvelle querelle entre les anciens et les

modernes fut portée devant le parlement. Après des débats passionnés, l'empereur prit parti, et ce fut son opinion personnelle qui assura le triomphe des écoles industrielles supérieures.

Le titre envié de docteur fut concédé aux élèves diplômés de ces écoles et Guillaume II s'exprima ainsi dans un discours aux élèves du Polytechnicum de Charlottenburg:

« C'est pour moi une satisfaction d'avoir pu accorder aux écoles techniques supérieures le titre de docteur. Vous savez que j'ai eu à surmonter des résistances acharnées; elles sont aujourd'hui brisées. J'ai voulu mettre au premier plan les écoles techniques qui ont une grande tâche à remplir, non seulement au point de vue de la science appliquée, mais encore au point de vue social. »

Ces quelques paroles résument la psychologie de l'Allemagne moderne.

Toutefois, un correctif fut concédé aux défenseurs des universités, et les diplômes accordés à la sortie des élèves des écoles polytechniques portent la mention légèrement restrictive de *docteur ingénieur*, qui s'écrit en abrégé devant leur nom: *Dring.* Les ingénieurs qui entrent dans les services de l'Etat prennent les titres de *Regierungs-Baumeister* (Directeur de constructions de l'Etat).

Toutes les écoles polytechniques sont établies et dirigées suivant un même esprit, donnent la même instruction et confèrent le même diplôme. Toutefois, certaines de ces écoles font prédominer dans leur enseignement la spécialité technique la plus importante de leur région, telles l'exploitation métallurgique à Aix-la-Chapelle et la construction des navires à Danzig.

La durée des études étant de quatre années, il sort donc annuellement, je le répète, de ces établissements supérieurs, le nombre excessif de trois mille ingénieurs ou architectes.

Si l'on y ajoute les sujets plus nombreux encore que jettent chaque année dans l'industrie les *technicums* secondaires, où l'instruction est complète et nettement aussi spécialisée, on comprendra la satisfaction des industriels qui n'ont qu'à puiser dans le tas, et le mécontentement des jeunes ingénieurs dont une telle pléthore tend à rendre difficile l'accès dans les carrières, et à diminuer les émoluments.

Voici d'abord l'Ecole polytechnique de Hanovre. Elle est établie dans l'ancien château des rois de Hanovre et a été fondée en 1881. C'est une installation grandiose, d'une irréprochable tenue.

Les élèves allemands y sont admis au sortir d'un établissement d'instruction secondaire *Realschule* ou *Gymnasium*, ou de quelques écoles supérieures techniques déterminées; les élèves étrangers doivent sortir d'institutions analogues.

La durée des cours est de huit semestres

Le nombre des professeurs est actuellement de cent vingt-quatre et celui des cours de deux cent soixante-treize représentant annuellement plus de six mille leçons, dans lesquelles on peut dire que tout ce qui a trait à l'art de l'ingénieur et de l'architecte est enseigné jusqu'aux moindres détails.

Les Allemands qui, bien que convaincus de leur valeur, ne se flattent pourtant pas d'être des Pic de la Mirandole, estiment qu'il faut au moins cinq cervelles humaines pour absorber une telle profusion de nourriture cérébrale; de là cinq spécialités qui se précisent pour l'étudiant dès le jour de son entrée à l'école: 1° architecture; 2° constructions civiles, 3° mécanique; 4° chimie, partagée elle-même

L'École polytechnique de Dantzig.

en deux sections : la chimie proprement dite et l'électrochimie ; 5° connaissances générales.

Toutes les Ecoles polytechniques comprennent parmi leurs spécialités l'enseignement de l'architecture. On estime que le monument public ou l'habitation moderne avec leurs charpentes métalliques, les combinaisons du chauffage central et de la ventilation, les canalisations d'eau, l'écoulement des eaux vannes et ménagères, l'éclairage, les ascenseurs, le téléphone, les conditions hygiéniques, etc., sont bien plus des travaux d'ingénieurs que des œuvres d'architectes dans le sens artistique de ce terme. Qu'il me soit permis d'ajouter, sans vouloir dénigrer aucune profession, que les immeubles allemands de nos jours n'ont visiblement pas pour auteurs d'anciens élèves des écoles de beaux-arts; s'ils réalisent le rêve des amateurs de confortable, ils affligent trop souvent les artistes; mais à notre époque, où l'esthétique passe au second plan, il n'est guère à espérer que ces derniers l'emportent.

A titre de renseignement, on compte à Hanovre, pour l'année scolaire 1910-1911:

Élèves architectes	176
— constructeurs	346
— mécaniciens	210
— chimistes (chimie pure)	67
— — (électrochimie)	53
— d'enseignement général	18
TOTAL	870
Il y a en outre :	
Auditeurs libres	327
Auditrices libres	544
TOTAL	1 741

Parmi ces étudiants, on trouve: 2 Bulgares, 1 Français, 1 Grec, 2 Anglais, 1 Italien, 1 Luxembourgeois, 4 Hollandais, 7 Norvégiens, 5 Autrichiens, 1 Roumain, 7 Russes, 4 Finlandais, 1 Serbe, 2 Portugais, 5 Suédois, 2 Asiatiques, 5 Américains, au total: 51 étrangers.

Aussitôt entré à l'école, l'élève qui a fait choix de sa spécialité, établit son *plan d'études* à l'aide du *Programme des cours*[2], volumineux fascicule de cent quatre-vingts pages, dans lequel sont énumérées, jour par jour, les milliers de leçons que représentent les deux cent trente-neuf cours officiels de l'école. Dans ces leçons, l'enseignement pratique occupe plus de place que l'enseignement théorique.

L'analyse de ce programme demande une étude approfondie: on y peut constater que chaque groupe d'élèves reçoit sur les spécialités voisines les notions qui lui sont utiles. Ainsi il existe un cours spécial de chimie pour les architectes, de même qu'il y a un cours élémentaire de construction pour les chimistes et ainsi des autres.

Les titulaires des cours sont nommés par le souverain sur une liste de noms présentée par le Comité ou *Sénat* des professeurs.

L'école est ouverte chaque jour, sauf le dimanche et le samedi après-midi, de huit heures du matin à sept heures du soir; les élèves doivent prendre tous leurs repas au dehors.

Les examens qui terminent les études au bout de huit semestres donnent droit au titre d'ingénieur, et s'ils sont très satisfaisants, à celui de docteur ingénieur.

Ce qui frappe le visiteur dès le seuil de l'édifice, c'est l'ampleur vraiment saisissante accordée à tous les services, et, bientôt après, la richesses des collections

1. *Personnalverzeichniss* 1910-1911. Hannover.

2. *Programm der Kœniglichen Technischen Hochschule.*

affectées à l'enseignement. On peut affirmer qu'il n'existe pas un seul objet décrit dans un cours qui ne soit exposé à la vue des élèves, soit en réalité, soit en réduction.

Dans les sous-sols, c'est un hall de machines, contenant un ou plusieurs de tous les systèmes de moteurs connus: à vapeur (plusieurs machines dont une de 200 chevaux), électriques, à gaz, à pétrole, à vent, à air comprimé, à eau. Cet atelier a 800 mètres carrés.

Ailleurs, une salle immense renferme des outils, machines-outils, ou modèles de tous les appareils industriels en usage.

Beaucoup de ces modèles réduits feraient sans doute le bonheur de bambins de dix ans; ce qui a fait taxer quelquefois de puériles ces collections d'objets. Ceux dont il faut demander l'opinion, ce sont les élèves; quand le professeur leur décrit et montre sur la planche une machine compliquée, ils ne trouvent pas puéril qu'on la leur présente sous les espèces d'un modèle même tout à fait réduit. Généralement ceux-ci sont des reproductions fidèles données par les firmes qui construisent les véritables appareils, ou encore achetées à des maisons spécialisées dans ce genre de fournitures scolaires. D'ailleurs, on ne doit pas oublier que les Allemands n'ont point la prétention d'enseigner l'art de l'ingénieur seulement aux intelligences d'élite, mais de le mettre à la portée de toutes. Ils emploient tous les moyens qu'ils jugent utiles pour ne pas fatiguer inutilement l'esprit en l'absorbant pendant des heures sur la lecture d'un dessin. C'est pour la même raison que les élèves sont fréquemment conduits par leurs professeurs dans des usines particulières souvent très lointaines.

A un autre étage, une salle non moins vaste renferme tous les objets fabriqués imaginables, avec, auprès de chacun, les outils à main ou à moteur qui servent à les confectionner. Ici, c'est un véritable musée minéralogique. Plus loin, un cabinet de physique au complet. Dans ces salles, sont disposées chaises et tables pour que les élèves puissent prendre des notes.

En général, chaque amphithéâtre est contigu à la salle renfermant les objets formant le sujet du cours. Le professeur et ses élèves s'y peuvent transporter sans perte de temps. Une bibliothèque, à la portée des élèves qui ont droit d'en emporter les ouvrages, renferme des milliers de livres et de périodiques scientifiques.

Les amphithéâtres, très nombreux, sont intéressants à plus d'un titre: par les dispositions affectées aux élèves, et plus encore aux professeurs. Ils sont de dimensions assez réduites et très inclinés en hauteur, afin que chacun puisse voir de près la chaire du maître. On estime qu'un cours ne doit pas recevoir pratiquement plus de cinquante à soixante élèves.

A signaler le mode d'éclairage de ces salles; la plupart sont éclairées par ciel vitré à verres translucides, sous lesquels sont suspendus perpendiculairement, sous toute la largeur du vitrage, des volets métalliques à charnières espacés de 60 en 60 centimètres, et ainsi ouverts quand ils sont verticaux. Veut-on atténuer la lumière, le professeur appuie sur un bouton et un petit moteur électrique incline tous ces volets dans le même sens. Une pression plus prolongée sur le bouton les fait tous plaquer horizontalement contre le vitrage et produit une obscurité complète et instantanée, fréquemment réalisée pour les projections lumineuses, en vue desquelles tous les amphithéâtres sont aménagés.

L'éclairage à la lumière artificielle, gaz ou électricité, n'est pas obtenu par la flamme directe, mais par foyers lumineux invisibles aux spectateurs et éclairant le plafond. On sait combien cet éclairage par plafonds lumineux est doux à la vue; c'est cette considération, non moins que l'avantage de supprimer les ombres portées, qui en a déterminé l'emploi dans presque toutes les écoles. Les vues faibles ou fatiguées sont fréquentes en Allemagne et la sollicitude pour les organes de la vision fait partie de ces mesures d'hygiène qu'on trouve partout chez eux, à l'école, à l'atelier, au restaurant, au théâtre, à la maison, rigoureusement appliquées.

Le professeur qui me guidait, me faisait remarquer avec une visible satisfaction, que les lampes à gaz affectées à l'éclairage étaient des becs à allumage automatique inventés depuis trois mois seulement.

Partout on voit figurer dans les collections scolaires les objets fabriqués, les machines, les outils les plus nouveaux, fournis gratuitement, comme la plupart des pièces, par leurs inventeurs ou leurs fabricants. Ces nouveautés sont systématiquement portées à la connaissance et à la vue des élèves. On s'efforce par là de leur inculquer le goût de la spécialité et du progrès industriels; et cette tendance, générale dans le pays, est un des facteurs de sa réussite

L'examen du programme des cours montre que beaucoup plus de temps est accordé aux travaux et leçons pratiques qu'aux cours théoriques.

Un tel établissement demande un emplacement énorme. Cependant, l'école de Hanovre n'est pas le modèle le plus récent des Ecoles polytechniques, car les laboratoires de chimie n'y répondent plus aux desiderata des professeurs. Aussi, à côté de l'édifice principal et formant annexe, vient-on d'achever un institut de chimie, dont la dépense a atteint 1 500 000 marks.

L'Ecole polytechnique de Danzig est, en attendant l'achèvement de celle de Breslau, la dernière venue et peut-être le plus remarquable des onze polytechnicums déjà existants.

La pensée qui a présidé à cette création nouvelle a été de fournir surtout des ingénieurs pour les constructions navales et les travaux hydrauliques des ports et des cours d'eau.

Les chantiers maritimes de Danzig et les grands travaux de régularisation de la Vistule qui baigne cette ville ont attiré sur elle le choix du gouvernement royal prussien. On imagine ce que doivent être les proportions de l'établissement destiné à porter dans ses flancs l'avenir de la puissance navale allemande! Il mérite une description détaillée.

Le monument se dresse en dehors et à l'ouest de la ville. Les jardins qui l'entourent sont en bordure de la grandiose avenue percée par le général français Rapp, gouverneur de la ville de 1807 à 1814, aujourd'hui encore la plus belle artère de Danzig. A cette époque, c'étaient les Français qui voyaient et faisaient grand!

Commencé en 1900, il put être occupé à l'automne 1904 par une première promotion d'élèves.

Il comprend: 1° un corps de bâtiment principal dont la façade large de 109 mètres est orientée au nord et servira de perspective de fond à un immense boulevard projeté perpendiculairement à l'avenue de Rapp, qui se déroulera jusqu'au bord de la mer sur 5 kilomètres de longueur. Le plan de cet édifice est un fer à T double. L'exécution, très soignée, plus finie dans ses détails que la plupart des constructions allemandes, est de style renaissance fantaisiste, en briques rouge sombre avec bandages de pierres claires;

2° Un institut de chimie de même style, situé à

quelque 30 mètres à gauche du corps principal, en forme de fer à cheval, avec une façade de 60 mètres de largeur et une surface de 1750 mètres carrés;

3° Un institut d'électrotechnique à droite, qui contient entre autres, une salle de machines de 450 mètres carrés;

4° Plus loin encore, sur la droite, un laboratoire d'essai de machines de toutes sortes. Ce laboratoire est en réalité une usine constamment en activité couvrant une superficie de 950 mètres carrés.

On peut dire que, d'une façon générale, tous les établissements d'instruction technique allemands présentent ce double aspect d'école et d'usine entremêlées.

Dans le bâtiment principal règne un véritable luxe: le porche monumental, le vestibule d'honneur, le hall central à colonnes massives, le grand escalier, les salles de réunions, de conférences des professeurs, les corridors, etc. sont d'un palais plutôt que d'une école.

Mais quand on examine en détail chaque service, on admire sans réserve le sens pratique avec lequel ils ont été étudiés. Les salles de cours sont à éclairage électrique par plafonds lumineux, à ventilation mécanique, pourvues de force motrice à vapeur, de force électrique à tous les voltages, de commutateurs à la portée du maître, pour faire instantanément la lumière ou l'obscurité. Le plus grand de ces amphithéâtres contient cent quatre-vingt-dix places, toutes avec tablettes pour écrire; il est contigu à la salle où est la collection d'appareils. Un wagonnet sur rails permet d'amener jusque vers la chaire du professeur les pièces les plus pesantes. Dans cette même salle des collections, un ascenseur électrique permet de descendre à l'atelier, qui est dans les sous-sols, tous les appareils que l'on désire démonter ou réparer.

La salle de bibliothèque à l'usage des élèves a été construite pour recevoir cinquante mille volumes.

A l'étage supérieur s'ouvre un immense hall très élevé, long de plus de 50 mètres, large de 15, où les élèves ingénieurs de constructions navales peuvent dresser eux-mêmes, en grandeur d'exécution, des modèles de parties de navire.

On se fera une idée de l'importance de ce corps de bâtiment principal en apprenant qu'il couvre 5 600 mètres carrés, mesure 123 000 mètres cubes et a coûté 3 400 000 francs, indépendamment des collections, livres et appareils qui s'enrichissent chaque jour et représentaient déjà plus de 500 000 francs le jour de l'inauguration.

L'Institut de chimie se compose de deux parties, l'une affectée à la chimie industrielle et à l'électrotechnie, l'autre à la chimie agronomique.

Je soupçonne fort que l'établissement de ce dernier compartiment a été une satisfaction donnée aux agrariens, très puissants dans la Prusse orientale; on a eu pour programme d'y étudier les denrées alimentaires et les principales industries agricoles: sucrerie, brasserie, distillerie, féculerie, amidonnerie. En tout cas, le but n'a pas encore été atteint, car le nombre des élèves qui suivent cette branche est insignifiant.

Les laboratoires de travail des élèves sont d'une ampleur remarquable. Chaque élève dispose d'une table de 3 m. 50 de longueur sur 0 m. 90 de profondeur.

Les amphithéâtres et les salles de préparation de cours renferment les appareils que les plus récentes découvertes scientifiques ont permis de réunir. Le professeur dans sa chaire, devant sa vaste table à expériences, entouré de tuyaux aux robinets de couleurs différentes suivant les fluides à débiter, air chaud, air comprimé, vide, oxygène, hydrogène, vapeur, air liquide, de boutons et de commutateurs donnant l'électricité à toutes les tensions, augmentant, diminuant ou supprimant l'éclairage, de leviers de manœuvre pour les tableaux noirs superposés, des hottes pour les émanations délétères, rappelle un capitaine de cuirassé dans sa cabine de commandement.

Parmi les salles de l'Institut de chimie, se trouve une véritable usine pour la production de l'air liquide; les professeurs y poursuivent des expériences diverses sur cet élément nouveau. Dans toutes les grandes écoles, à côté des laboratoires d'étude pour les élèves, sont établis des laboratoires ou ateliers de recherches pour les maîtres.

La spécialité de l'électrochimie est particulièrement développée et aucune autre école ne possède en ce genre un matériel aussi complet et aussi approprié aux recherches. On sent que c'est la chimie de l'avenir. Les fours électriques abondent et l'énergie électrique leur est fournie à tous les voltages.

L'*Institut électrotechnique*, qui s'élève à droite du bâtiment principal, a coûté 395 000 francs.

A cette occasion, il n'est peut-être pas inutile de définir la différence qui sépare ces deux compartiments de la science: l'électrotechnique et l'électrochimie.

L'électrochimie étudie les réactions, les synthèses, la dissociation et les analyses des corps sous l'influence des fours ou des températures électriques; son domaine va s'agrandissant d'année en année.

L'électrotechnique a pour objet l'étude des forces électriques et leurs mesures, la production, le transport, la transformation, la réception, l'interruption des courants et toutes leurs applications dans le domaine de la physique et de la mécanique.

Les élèves architectes suivent avec assiduité cette

branche de connaissances dont ils ont de multiples applications à faire dans les immeubles modernes: éclairage, téléphone, sonneries, ascenseurs, chauffage, etc.

Combien n'ai-je pas rencontré, dans divers pays, d'architectes, même très sérieux, qui n'en connaissaient pas le premier mot. La preuve en est facile à faire: qu'on demande à un architecte pris au hasard, en train d'édifier un immeuble, quelle puissance électrique, et partant, quelle dépense sera nécessaire pour manœuvrer ses ascenseurs et l'éclairer avec tel ou tel système de lampes, on verra sa réponse.

Cela n'infirme en rien leur valeur professionnelle d'autre part. Ils ne peuvent savoir ce qu'on ne leur a pas appris, et les gouvernements, qui se chargent de tout, particulièrement de l'instruction technique supérieure, ont oublié de le leur enseigner.

Enfin, le *laboratoire d'études et d'essais des machines* m'a paru la partie la plus intéressante de l'école.

Là, nous sommes en plein dans une usine. Qu'on imagine une salle de machines de 40 mètres sur 15, ayant à sa droite un cabinet pour le professeur, un autre pour son préparateur, un atelier de réparations et une salle de cours; puis, à sa gauche, une chaufferie où sont en pression sept chaudières de différentes dimensions et de divers modèles.

Ces chaudières sont pourvues de modes de chargement perfectionnés et variés, de systèmes multiples de réglage pour le tirage, d'appareils de mesure et d'analyse des gaz brûlés.

Les unes servent à donner de la force aux machines à vapeur du grand hall, force qui est transformée en courant électrique et distribuée à des voltages variables dans toute l'école et aux accumulateurs; les autres sont employées au chauffage des bâtiments, soit à la vapeur, soit à l'eau chaude, car les deux systèmes sont en présence afin de pouvoir être étudiés et comparés. L'ensemble des chaudières peut vaporiser l'énorme quantité de 10 000 kilogrammes d'eau par heure.

Dans le hall central sont des machines de toute sorte: pompes à eau et à air, dynamos, ventilateurs, turbines à vapeur (je remarque avec plaisir une turbine de notre compatriote l'ingénieur Rateau); enfin, le tout peut être déplacé par un pont roulant de 10 000 kilogrammes de puissance.

Le sous-sol est réservé aux condenseurs de tous systèmes: à eau, à surface, à air froid, etc., et à de puissantes batteries d'accumulateurs.

Au fond du bâtiment, faisant face à l'entrée, se dresse une cheminée de 45 mètres qui fait corps avec une tour de 32 mètres de hauteur surmontée d'un réservoir d'eau de 50 mètres cubes. Ce pâté de maçonnerie a une silhouette assez singulière, qui rappelle celle d'un canon de fusil avec son armature de bois. On me dit qu'elle sert à signaler au loin l'emplacement de la grande école. C'est très exact, car il n'existe rien nulle part d'aussi étrange.

On accède à cette tour à l'aide d'un confortable escalier intérieur; mais, entre la tour et le faîte de la cheminée, se dresse une simple échelle de fer avec une rampe à main. Les élèves sont tenus d'y grimper pour aller prendre et analyser sur la couronne de la cheminée les gaz qui en sortent.

On entend surtout par là les habituer à ne pas craindre le vertige, préparation absolument utile à la carrière industrielle; car il est nécessaire qu'un ingénieur soit insensible au vertige. Comment pourra-t-il commander à des maçons, à des fumistes, à des charpentiers, et les contrôler, s'il ne peut les suivre là où ils travaillent? Ajoutons que cette horreur du vide n'est pas sans nuire à son prestige vis-à-vis du personnel.

Quelques chiffres suggestifs pour terminer: dans l'école il n'y a pas moins de 94 000 mètres de fils électriques, 20 450 mètres de tuyaux, 2 905 lampes à incandescence, 372 lampes à arc représentant 285 850 bougies, et le prix de l'établissement complet, sans les appareils spéciaux et les collections, s'est élevé à 7 millions de francs.

En parcourant une telle installation, quiconque a l'amour de la profession d'ingénieur voudrait redevenir jeune pour en étudier là les secrets et la pratique.

J'avais visité le Polytechnicum en compagnie d'un correspondant, le docteur B..., gros fabricant de produits chimiques de Danzig qui, ne le connaissant pas encore, avait été enchanté de l'occasion.

Nous sortîmes ensemble et il me mena dîner au Rathskeller, dont la cuisine et les vins sont honorables. Dans la salle des fêtes de ce Rathaus du seizième siècle, l'attention est attirée sur une décoration curieuse formée par des fresques entrecoupées de fines boiseries et dont les personnages sont sculptés en demi-bosse avec ornementations de bois de cerfs naturels du plus singulier effet. Ça et là, quelques massives sphères métalliques sont irrégulièrement enchâssées dans le plafond et les murs; elles ont été logées là en 1807 par les soins d'un Français illustre qui portait un nom bien connu aujourd'hui dans le monde des ingénieurs; il s'appelait de Chasseloup-Laubat[1].

Rendu à la solitude et me remémorant ce que je venais de voir, je ne pouvais m'empêcher de le com-

1. Le général de Chasseloup-Laubat, commandait le génie au siège de Dantzig, sous les ordres du maréchal Lefèvre. Les sphères sont des boulets provenant du bombardement.

parer à l'indigence douloureuse de nos grandes écoles où l'on doit tout apprendre sur du papier et de la bouche du maître, et d'où cependant sortent des ingénieurs qui deviennent de premier ordre. Je le comparais aussi au procédé anglais qui consiste à pourvoir les jeunes gens d'un léger bagage de connaissances générales et de les lancer, des outils à la main, un formulaire de mécanique sous le bras, dans un grand atelier où le métier leur entrera dans la tête à coups de marteau. Et l'Angleterre possède les plus belles flottes militaire et commerciale de l'univers! Mais quand on se demande si finalement tout cet attirail scientifique et technique est bien indispensable, on ne peut écarter de son souvenir les accidents survenus à nos navires de guerre. La science chez nous n'est pas suffisamment aidée par l'expérience de l'atelier.

Qui construit nos navires de guerre? Qui fabrique nos poudres? des ingénieurs de l'Etat. Mais cette faillite de leurs œuvres est-elle bien de leur faute? Nullement. Doit-on s'en prendre à eux? pas davantage.

On a versé dans un creuset tout ce qu'il faut pour faire un ingénieur; on a brassé et chauffé; on retire un fonctionnaire; l'opération est manquée. Les matières premières étaient pourtant de très bon aloi; mais le creuset est trop vieux, la réaction mal conduite, l'opérateur maladroit.

CHAPITRE III

L'Instruction professionnelle *(suite)*

Les Technicums secondaires. — Un apprenti architecte. — La formation des ouvriers d'art. — Comment on exécute une décoration. — L'apprentissage obligatoire.

En dessous des écoles polytechniques supérieures se placent les technicums secondaires; en si grand nombre que leur seule énumération couvrirait des pages; la plupart sont spécialisées en des branches industrielles variées, naturellement celles de la région où ils se trouvent. C'est ainsi que nous trouvons, entre autres, pour la brasserie Munich et Worms; pour le tissage, la filature, la teinture et l'apprêt des étoffes les écoles d'Aix-la-Chapelle, Berlin, Crefeld, Cottbus, Reutlingen, Falkenbourg, Mulheim-sur-Rhin; pour la céramique, les technicums de Hœhr, Bunzlau et Laubau; l'école municipale de physique et de chimie de Mulhouse, de fondation française, etc. Mais les établissements les plus nombreux et les plus récents sont affectés particulièrement à l'électrotechnique. On peut citer entre autres ceux de Mittweida (1 700 élèves), Ilmenau (850), Brême, Hildburghausen, Strelitz, Altenbourg.

Ces établissements relèvent tantôt des Etats (Staatische), tantôt des villes (Stædtische); ils n'ont donc point l'uniforme organisation des écoles supérieures. Conditions d'admission, durée des cours, prix de l'enseignement y sont essentiellement variables.

Ainsi il est dit dans le programme des études de l'école de Crefeld (teinture et apprêt), que le but de cet établissement est d'enseigner d'abord les diverses branches de la chimie théoriquement et pratiquement, puis spécialement tout ce qui concerne les matières colorantes, les mordants et leur fabrication, l'impression sur étoffes, les méthodes de recherches des matières colorantes naturelles et artificielles. La durée des études est de deux années. Les aspirants sont admis après seize ans révolus et seulement s'ils sont munis d'une instruction suffisante. Les frais d'enseignement s'élèvent à 370 francs pour les élèves prussiens[1], 510 francs pour les allemands, 1 460 francs pour les étrangers.

Cette surcharge des frais d'enseignement imposée aux étrangers est générale du haut en bas de l'échelle scolaire. Les Allemands veulent bien les instruire, mais à la condition d'y trouver un profit; on ne saurait leur en faire un reproche. D'ailleurs ces prix ne les empêchent pas d'affluer; dans une grande école de Berlin ils se trouvèrent si nombreux que la direction, ne pouvant les éliminer et d'autre part ne voulant pas en remplir l'établissement au détriment des étudiants nationaux, dut imaginer un expédient. L'admission des étudiants allemands fut fixée à un jour déterminé, celle des étrangers à une date ultérieure, et quand il n'y eut plus de places disponibles on leur exprima le regret de ne pouvoir les accueillir. Et ceci est une preuve nouvelle de la sollicitude désintéressée des pouvoirs publics en faveur de leur jeunesse nationale, car ils auraient tout intérêt à

1. Crefeld appartient à la Prusse Rhénane.

admettre le plus grand nombre d'élèves payant le prix fort.

Du reste, l'enseignement quel qu'il soit est d'un extrême bon marché: ainsi dans les *Gymnasium* et les *Realschule* il ne dépasse pas 150 francs pour l'année scolaire. Il existe, en outre, un nombre déterminé de bourses entières ou de demi-bourses. C'est un principe absolu que tous les degrés d'instruction soient facilement accessibles.

Aussi se perd-on dans cette multitude d'établissements d'enseignement professionnel secondaire et inférieur, et plus encore dans leurs programmes qui varient à l'infini et dont l'exposé demanderait des volumes.

Prenons par exemple l'école de tannerie de Freiberg. On y enseigne la chimie générale, puis la tannerie théorique et pratique, la chimie appliquée à la tannerie, à la mégisserie, à la chamoiserie, au tannage minéral, à la teinture des cuirs, la physique, l'usage du microscope, la mécanique, la tenue des livres, les premiers soins à donner aux blessés, etc. Une bibliothèque technique est à l'usage des élèves; ceux-ci doivent être âgés de dix-sept ans; au delà de vingt et un ans ils ne peuvent plus être admis que comme auditeurs libres. Cette catégorie des auditeurs libres figure d'ailleurs dans toutes les écoles. La durée des cours est d'une année; un examen les termine, et un certificat est délivré aux élèves qui y ont satisfait. La rétribution payée par les élèves allemands est de 250 francs, par les étrangers, de 440 francs. La direction ne garantit pas de situation industrielle aux élèves sortants.

Au technicum d'Altenbourg, l'enseignement est d'une portée plus élevée. Il est divisé en deux catégories; dans l'une on vise à former des ingénieurs, des directeurs d'usines, des chefs d'industrie; dans l'autre,

on ne forme que des électrotechniciens qui n'ont pas le titre d'ingénieurs. Les élèves sont admis à partir de seize ans. La durée des études n'est pas la même pour les uns que pour les autres. Tous ont à leur disposition un laboratoire magnifique d'appareils électrotechniques, et un atelier de réparations. La direction s'engage à trouver une situation aux élèves qui ont obtenu un certificat. Les frais sont de 300 francs par année.

L'école de sucrerie de Brunswick est d'une espèce toute différente. La durée des cours n'y est guère que de quatre mois; ils commencent le 1er mars, c'est-à-dire à l'époque où les fabriques de sucre sont en chômage, afin de pouvoir être suivis par le personnel des usines. En dehors des connaissances fondamentales en chimie et en physique, ils ont naturellement pour matières tout ce qui touche à l'industrie du sucre, à la culture et à la sélection de la betterave, aux engrais chimiques, à la chaudronnerie et aux machines à vapeur.

A Leipzig, non loin du Reichsgericht (Cour judiciaire suprême de l'empire), s'élèvent deux grands édifices alignés sur un même boulevard; ils datent d'une vingtaine d'années et contiennent quatre écoles professionnelles:

1o Une Ecole royale de construction et d'architecture;

2o L'Ecole royale de l'Académie des arts graphiques et de l'industrie du livre;

3o L'Ecole municipale des mécaniciens;

4o L'Ecole municipale d'apprentissage des ouvriers d'art.

L'Ecole de construction et d'architecture est un établissement d'instruction professionnelle pratique d'un degré inférieur à celle des polytechnicums, et qui peut être assimilé aux technicums secondaires. Elle occupe la moitié de l'un des deux grands édifices; l'autre moitié étant réservée à l'école des arts graphiques. Les élèves y sont reçus à partir de quinze ans; les jeunes Saxons payent 62 francs par semestre, les Allemands non saxons, 124 francs, les étrangers, 248 francs. Un stage d'au moins deux semestres dans l'industrie du bâtiment est obligatoire pendant la durée des cours; les conditions de ce stage sont même nettement définies. Les futurs architectes sont astreints aux mêmes obligations que les jeunes ouvriers; pendant dix heures par jour ils doivent gâcher du mortier, maçonner des briques ou assembler des charpentes, et le salaire qu'ils reçoivent est de 10 pfennigs (12 centimes) l'heure. Comme les chantiers de construction ne sont généralement ouverts que pendant la belle saison, il en résulte que l'école n'a que soixante élèves en été, et deux cent quarante pendant le semestre d'hiver; les cours sont organisés en conséquence.

La même obligation est d'ailleurs imposée aux élèves architectes des grandes écoles polytechniques; mais le stage obligatoire n'est que de deux mois en tout.

La visite de l'école permet d'admirer une fort belle collection de matériaux de construction et de décoration, et une salle de modèles de tous les types de charpente en fer et en bois. Mais le directeur qui veut bien me guider s'empresse de m'annoncer que, sous peu, son école quittera ce local, l'abandonnant en totalité à l'Ecole des arts graphiques et de la librairie, et qu'elle s'installera dans un nouveau palais dont la dépense prévue est de 620 000 francs..

L'Ecole de l'Académie royale des arts graphiques et de l'industrie du livre est une des plus intéressantes qu'il m'ait été donné de visiter. Là sont rassemblés tous les genres d'enseignement capables de former des ouvriers d'art d'un ordre supérieur: dessinateurs, peintres, décorateurs, graveurs, typographes, correcteurs, lithographes, relieurs, photographes, ciseleurs, sculpteurs, peintres en vitraux. L'établissement est accessible aux deux sexes, aux jeunes gens de seize ans comme aux adultes de tout âge, aux étrangers comme aux nationaux; il est école de jour pour les élèves et école du soir pour les ouvriers, artistes ou maîtres qui veulent se perfectionner en leur profession. A des objets aussi variés correspondent naturellement des conditions d'admission, de rétribution, de durée très diverses. D'une façon générale, cet enseignement est bon marché, et pourtant l'aménagement au point de vue du confortable et du matériel si compliqué nécessaire à ces professions ne laisse rien à désirer. De plus, il est accordé chaque année un grand nombre de bourses: 14 du ministère royal de Saxe, 5 de la ville de Leipzig, 32 de l'Association des imprimeurs et une vingtaine provenant de libéralités privées. La moyenne des dépenses par élève est de 500 à 530 francs. Le nombre total des élèves a passé de 340 en 1901 à plus de 500 en 1910. La subvention annuelle de l'Etat s'élève à 190 000 francs. Chaque année a lieu une exposition des œuvres scolaires, et des prix nombreux, dont l'importance varie de 100 francs à 1 000 francs, sont décernés aux lauréats de ce concours. Prochainement, cette école sera agrandie de tout l'emplacement occupé par l'Ecole d'Architecture.

En abordant les deux écoles municipales d'ouvriers d'état et de mécaniciens qui remplissent l'édifice jumeau du précédent, nous entrons dans une nouvelle catégorie d'instruction professionnelle: l'atelier d'apprentissage.

Là, presque rien ne rappelle l'école proprement dite, sauf des salles de cours théoriques que les élèves suivent quelques heures par jour. La plus grande partie du vaste immeuble est occupée par des ateliers recevant leur force motrice des machines situées dans la partie réservée à l'école des mécaniciens. Treize cent cinquante apprentis sont répartis entre les divers métiers de maçons, charpentiers, serruriers, peintres-décorateurs, mosaïstes, modeleurs, mécaniciens, électriciens, tourneurs, menuisiers, ébénistes. On les distingue en élèves permanents (élèves de jour) et élèves du soir; les premiers payent une rétribution de 36 à 50 francs; les seconds, 12 francs seulement. Il faut y ajouter une petite somme, versée une fois pour toutes, de 12 francs, grâce à laquelle ils sont assurés contre les accidents professionnels.

Chaque salle ou plutôt chaque atelier parfaitement chauffé, aéré et éclairé le soir par plafond lumineux, renferme, en multiples exemplaires, les outils du modèle le plus perfectionné, nécessaires à la profession que les apprentis y étudient. A chacun de ces ateliers est attaché un contremaître d'une mise très correcte, au milieu de ses élèves en tenue de travail.

Ces contremaîtres paraissent jouir d'une autorité et d'une considération à l'égal de professeurs, car, lorsque le directeur qui m'accompagne entre successivement dans chaque atelier, le contremaître vient au-devant de nous et, après présentation, prend la conduite de la visite; pendant ce temps, aucun élève n'abandonne ses outils.

Je m'arrête assez longtemps dans une très grande salle où une trentaine de jeunes gens peignent sur des chevalets des papiers pour décoration d'intérieur. La méthode de travail qu'on leur assigne me paraît assez caractéristique. Ayant à reproduire une fleur naturelle, une marguerite des prés, par exemple, ils la représentent successivement de face, de profil, en projection, les pétales déployés ou repliés, ou bien développés en dentelures. Ils font de chaque dessin une série en lignes, en carrés ou en quinconces à des espacements variables, puis y adaptent des couleurs diverses, dans lesquelles on est sûr de trouver toujours du vert — c'est étonnant, le goût que les Allemands ont pour le vert! — Le maître passe, examine, donne son avis sur ces tâtonnements laborieux; quand ils sont jugés satisfaisants, ils constituent des modèles pour fabriques de papiers peints ou pour fresques murales. Réussie ou non, on ne peut pas dire que l'œuvre soit venue de *chic*.

Il est curieux de constater que dans cette maison d'apprentissage pour jeunes artisans de quatorze à vingt-cinq ans, on n'a pas négligé de placer un cabinet d'expériences de physique et d'électrotechnique, une bibliothèque de livres qu'ils peuvent emporter, un assemblage de modèles en plâtre de toutes sortes d'objets et particulièrement une très riche collection d'insectes naturels.

Ce n'est pas sans orgueil que le directeur me montre enfin le musée où sont disposés, bien en valeur, les principaux chefs-d'œuvre sortis de la main des élèves. Il est inutile de dire qu'ils sont des émanations de l'art allemand contemporain dont j'aurai à parler; mais, du moins, ils marquent une exécution soignée et consciencieuse et je suis forcé de constater qu'à cet égard l'ouvrier allemand est en réel progrès: nul doute que ce résultat ne soit dû à la multiplication en tous lieux, des écoles semblables à celle que je viens de visiter.

Ce qui en généralise les bienfaits, c'est l'obligation où sont les jeunes ouvriers de quatorze à dix-sept ans, employés dans l'industrie, de la fréquenter le soir.

Cette obligation est absolue; l'assiduité des apprentis à l'école du soir est constatée par leur patron à l'aide de certificats, et le contrôle du patron est contrôlé à son tour par les inspecteurs du travail. Certains jours de la semaine, il doit même leur donner congé pour qu'ils puissent assister à des cours spéciaux. Tout naturellement, l'enseignement que suit l'apprenti est celui de l'industrie où il travaille; mais il peut, à son choix, en ajouter d'autres.

Les écoles publiques et obligatoires d'apprentissage embrassent toutes les professions: coiffeurs, pâtissiers, boulangers, etc., etc. On apprend à un marmiton à devenir chef de cuisine comme à un élève du Conservatoire à se faire chef d'orchestre. Mais, assurément, les professeurs obtiennent de meilleurs résultats avec les musiciens qu'avec les apprentis cuisiniers.

Ainsi, depuis Berlin avec son Polytechnicum de Charlottenbourg jusqu'à la plus modeste bourgade de la Forêt-Noire et de la Thuringe où l'on apprend aux enfants à fabriquer, quand la neige couvre les montagnes, des jouets et des *Kukukuhren*[1], tous les Etats, toutes les municipalités, animés d'une émulation peut-être excessive, ont organisé des pépinières d'hommes de métier appropriés et même en nombre supérieur à leurs besoins, tant est profonde leur conviction qu'ils ont le devoir de munir chaque enfant de la patrie allemande des armes nécessaires à la lutte économique.

1. Horloges à coucou en bois découpé et sculpté.

CHAPITRE IV

Psychologie de l'Industriel allemand

La spécialisation. — Recherche des progrès. — Les qualités des chefs. — Partout des laboratoires. — Des nouveautés, toujours des nouveautés. — Les prospectus illustrés. — A l'affût des renseignements. — Américains et Allemands. — L'utilisation des sous-produits. — Il faut démolir le matériel suranné. — Patrons, contremaîtres et ouvriers.

Le jeune homme, ingénieur, chimiste ou technicien, qui, de l'école professionnelle, passe dans l'industrie, ne pénètre point dans un milieu à lui inconnu. Non seulement, étant élève, on lui a fait visiter beaucoup d'usines, mais, le plus souvent, avant le technicum, il a accompli un stage d'ouvrier dans quelque atelier; bonne habitude pratiquée même par les jeunes gens de familles aisées.

L'usine qui le reçoit est généralement une très grande usine; l'industrie allemande contemporaine procède par grosses unités. Disparus les établissements exigus, vieillots, rapiécés où des verrues successives ont poussé, pour cause d'agrandissement, sur la construction primitive. On laisse à d'autres pays, le culte de ces souvenirs d'un autre âge. Plutôt que de les conserver, le patron allemand préfère démolir et déplacer ses ateliers, parce qu'il estime l'incommodité et les mains-d'œuvre excessives, inséparables d'une distribution irrationnelle, plus coûteuses que les intérêts d'une reconstruction.

Il va de soi que l'emplacement est soigneusement étudié, desservi par une voie ferrée ou un cours d'eau navigable, souvent par les deux à la fois.

La conséquence qui frappe l'observateur attentif est l'absence presque complète de gros camionnage dans les centres les plus actifs: à Berlin, à Cologne, à Magdebourg, à Hambourg même, rien ne rappelle, à ce point de vue, Marseille ou les faubourgs de Paris.

Une autre préoccupation est de prévoir les agrandissements ultérieurs. Si large que soit l'installation, on la rêve encore agrandie, et le plan est établi dans cette perpective. Autour des grandes usines neuves, s'étendent des espaces libres et à la limite des bâtiments se dressent des murs avec pierres d'attente. L'un des plus récents exemples est, à Leipzig, la firme Trenkler, où l'on fabrique trois millions de cartes postales par semaine et où travaillent sept cent cinquante ouvriers: construit en 1901, le bâtiment somptueux qui l'abrite attend visiblement son extension. Les Allemands font grand et voient plus grand encore dans l'avenir.

Ils font luxueux aussi, et ne peuvent s'empêcher de donner à leurs établissements industriels des apparences de châteaux forts, avec pignons, machicoulis et tourelles, dominés par d'immenses panneaux à jour en fer ouvragé sur lesquels s'étale orgueilleusement le nom de la firme. Cet ensemble a un aspect opulent que ne démentent pas la magnificence des bureaux et l'ampleur des installations. Et souvent, pourtant, la société qui travaille dans ce riche décor ne marche que grâce au crédit des banques.

La plupart des exploitations, même d'importance secondaire, sont en sociétés par actions. Les Allemands y voient l'avantage d'une grande mobilité dans les capitaux, d'agrandissements facilement réalisables, moyennant des appels de fonds, et la possibilité de modifier le personnel supérieur en cas d'insuffisance professionnelle ou pour toute autre cause.

Le débutant, déjà spécialisé à l'école, se spécialisera plus encore dans ce milieu où la division du travail est de règle constante.

On conçoit quelle doit être sa mentalité, partagée d'ailleurs par ses chefs; car l'état-major de l'industrie, composé d'hommes dans la force de l'âge, a reçu une formation professionnelle identique. Tous ont été imprégnés de cette idée que le progrès en toutes choses est la condition du succès; on a mis constamment sous leurs yeux les modèles et les appareils les plus nouveaux; on leur a fait toucher du doigt les avantages d'un matériel moderne sur un outillage suranné; à l'Ecole, on n'a jamais lésiné pour le leur procurer; puis, ils ont été spécialisés dans un compartiment de la science appliquée dont ils connaissent les recoins les plus obscurs. Enfin ils ont vu, dans les journaux, les cours d'économie industrielle, les statistiques, qu'à ce régime leur patrie a rapidement grandi; que leurs aînés se sont enrichis et ont acquis d'enviables réputations de capacité, idéal rêvé par tous les jeunes ingénieurs.

Il ne sera cependant pour commencer qu'un rouage de la grande machine. Le travail, dirigé par une seule tête au sommet, est réparti à chacun suivant ses aptitudes, sans confusion ni empiétement d'un service sur un autre. Son domaine est nettement circonscrit; il peut le parcourir aisément en tous sens et l'améliorer; son concours, dès lors, ne restera pas inaperçu.

Tel est chargé du service des chaudières, tel des machines; d'autres sont à la tête des diverses fabrications; d'autres encore font des contrôles ou des recherches dans les laboratoires.

La direction technique des firmes est le plus souvent distincte de la direction commerciale; quelquefois même, industrie et commerce forment deux sociétés différentes, l'une étant chargée de vendre les produits fabriqués par l'autre. On vise par là à éviter les conflits journaliers, si fréquents entre les deux services. Le chef d'industrie, ainsi débarrassé de toute préoccupation commerciale, peut se livrer tout entier à ses fabrications.

Ce chef est généralement instruit, ordonné, méthodique, confiant en lui-même. Quelles que soient la bonne organisation des services, la prospérité de l'entreprise et la perfection de l'outillage, il ne cesse d'avoir en vue des progrès à accomplir, des nouveautés à mettre au jour, des agrandissements à étudier. Son exploitation est à ses yeux en état d'équilibre perpétuellement instable.

Mais combien fréquemment se présente à l'esprit d'un patron la pensée de créations nouvelles qui, faute de temps, resterait stérile, s'il n'était secondé par des collaborateurs compétents, chargés de la mettre au point. Car un espace ardu de recherches et d'essais s'étend entre la conception et la réalisation d'un projet.

De là, l'utilité, la nécessité de ces vastes laboratoires, peuplés de chimistes, dont partie sont affectés au contrôle des fabrications, partie à des recherches méthodiquement déterminées. Dans la plupart des branches de la production, on peut dire que tout commence par la chimie au laboratoire pour se résoudre par la mécanique à l'atelier.

Entrons, par exemple, dans une fabrique de matières colorantes, où une armée de chimistes recherchent des teintes inédites et des procédés nouveaux dans des laboratoires vastes comme des ministères. Que deviennent les découvertes qu'ils engendrent? A peine nées, si elles sont de bonne venue, ils se les voient enlevées par les ateliers, où l'on ne trouve que chaudières, moteurs, transmissions, agitateurs, robinets, pompes, filtres-presses, ventilateurs, broyeurs, etc.; rien que de la mécanique. Leurs pères ne reverront plus ces enfants dont les destinées sont confiées à d'autres hommes: ainsi le veut la spécialisation.

Considérons maintenant une usine métallurgique: des organes puissants y transportent, élèvent, chargent des montagnes de minerais; d'autres outils, plus monstrueux encore, reçoivent, agitent, transvasent le métal en fusion! C'est de la mécanique et de la plus impressionnante; il semble même que tout, dans cette industrie soit de son domaine. Et pourtant, elle eût fait bien peu de progrès, s'il n'y avait, dans un coin de la grande usine, un laboratoire où des chimistes patients ont trouvé et indiqué les formules des réactions et découvert les propriétés des divers alliages.

Toute fabrique qui veut progresser, ou simplement produire bien et bon marché, a besoin de laboratoires: laboratoires de contrôle des matières premières et des produits fabriqués, laboratoires de recherches pour les perfectionnements et les nouveautés. Telle est la règle.

Et j'entends le mot laboratoire dans le sens le plus étendu: un atelier où l'on essaye des fers à la traction et à la torsion, un autre où l'on fait des essais de fabrication, un autre encore où l'on vérifie, pour sa propre édification et pour celle des acheteurs, les qualités des appareils que l'on construit, sont des laboratoires.

Cette dernière conception du laboratoire est appliquée d'une façon générale et méthodique par les producteurs allemands avec une incontestable supériorité.

Une maison française construit un type de broyeur: elle le garantit excellent, donne des références, propose au besoin d'aller le voir fonctionner chez X.. ou chez Y...; mais il ne plaît pas à tout le monde d'aller sonner chez X... ou Y... et encore moins, souvent, à X... ou Y... d'ouvrir ses ateliers à vous, qui êtes peut-être un concurrent. Vous vous abstenez.

Que fait la firme allemande qui construit un broyeur, peut-être moins bon que la maison française ci-dessus? En dehors de la propagande ordinaire par prospectus, explications, références, elle vous écrit: « J'ai un atelier d'essais avec un de mes broyeurs installé; envoyez-moi un lot de votre matière à pulvériser et venez vous-même; nous en ferons l'épreuve en votre présence. » Le client ne peut se refuser à une expérience gratuite dont le résultat sera pour lui concluant; il vient avec sa marchandise et l'affaire se conclut.

D'ailleurs, les sociétés françaises qui agissent de même savent quels bons résultats elles en obtiennent.

Presque toutes les grandes maisons ont ainsi, quand il est réalisable, un atelier de démonstration. Je m'empresse d'ajouter qu'avec la profusion d'articles et de procédés nouveaux qu'elles jettent sur le marché, cette méthode est d'autant plus indispensable.

La recherche des produits ou procédés nouveaux fait partie du travail normal de presque toutes les sociétés industrielles. Elle est poursuivie méthodiquement, soit sur l'ordre du patron, soit sur leur propre demande, par des techniciens de la maison.

Dans certaines grandes affaires, ce service prend des proportions fabuleuses. Je causais un jour avec le directeur d'une puissante société de produits chimiques, il me fit cette déclaration :

— Nous avons, dans notre usine, cent quarante-cinq chimistes : la moitié, environ, sont employés au service courant et aux contrôles des matières premières et des fabrications ; nous occupons les autres à des recherches, et ces soixante-dix chercheurs nous coûtent 350 000 francs par an ; les neuf dixièmes ne produisent rien, mais le dernier dixième peut nous trouver de quoi gagner quelques millions chaque année.

Les chimistes ainsi enrégimentés sont assez peu payés, mais souvent intéressés, par contrat passé à l'avance, aux découvertes qu'ils font ; de là, chez eux, une très grande ardeur au travail, et, chez leurs patrons, la certitude qu'ils n'iront pas porter ailleurs le fruit de leurs recherches.

Actuellement, la concurrence est telle sur le marché allemand ou mondial, que les producteurs ne comptent guère sur les produits courants et classés pour faire fortune, à moins qu'ils ne soient protégés par des ententes ou cartels ; leur objectif constant est la création de nouveautés pouvant être monopolisées à l'aide de brevets. On dit couramment, qu'à moins de situations économiques exceptionnelles, telles, par exemple, que la propriété de minerais, une industrie ne peut réellement prospérer que si elle s'appuie sur des ententes commerciales ou l'exploitation de brevets reconnus par le Patentamt.

On comprend, dès lors, que l'esprit de routine et même de tradition n'ait aucune prise sur ces hommes ; ils ne vivent pas dans le passé et leurs yeux sont constamment tournés vers l'avenir.

Est-il besoin de se demander quel fut, au milieu de cette lutte, poursuivie avec des armes du dernier modèle, le sort des fabriques obstinées à vivre comme il y a cinquante ans ? celui de navires de bois lancés contre des Dreadnoughts; leurs débris même ont disparu.

Si la situation d'un chef d'industrie exige qu'il soit un travailleur obstiné, que nulle difficulté ne l'arrête, qu'aucune responsabilité ne l'effraye, qu'il soit homme de tête et d'action, les grandes affaires demandent plus encore qu'il ait l'esprit organisateur.

Le talent d'organisation est une qualité singulièrement facilitée par l'esprit de hiérarchie et de discipline atavique chez les Allemands. Le pays a eu la chance de rencontrer des personnalités capables de faire sortir du chaos et de gouverner des mondes. A cette qualité, ils joignent une décision et une hardiesse qui nous renversent.

Quand l'étude d'un procédé nouveau à démontré à un industriel que son application donnera un résultat supérieur à 10 p. 100 du capital nécessaire, tous amortissements compris, on peut être sûr qu'il l'adopte; et, dans ce cas, l'exécution suit immédiatement la résolution. Il ne faut pas attendre que cette nouveauté ait vieilli, et puis, en l'installant sans retard, on en profitera plus longtemps; enfin, on l'exécutera avec célérité afin de ne pas perdre l'intérêt des sommes engagées. Dans toute entreprise qui traîne en longueur, l'utilité diminue et la dépense augmente. On ne connaît pas cette maladie des paresseux et des indécis de toujours remettre au lendemain.

Un maître de forges du bassin de la Moselle avait réuni un matin en conseil, comme c'est la coutume, ses chefs de services. Un de ses jeunes ingénieurs, auteur d'une étude sur l'aciérie, ayant demandé à la produire, crut devoir commencer l'exposé en présentant son projet comme excellent, mais coûteux:

— Vous renversez l'ordre, interrompit le patron: dites-moi d'abord quels sont ses avantages au point de vue de la qualité, de l'économie et de la rapidité; vous me parlerez ensuite de la dépense, question secondaire, si les résultats la justifient.

Cette réponse que je tiens de la personne à qui elle fut faite, synthétise la pensée de l'industriel allemand; professionnellement, elle est inattaquable.

Une telle doctrine veut que ses adeptes se tiennent, jour par jour, au courant de tout ce qui se fait, de tout ce qui se publie quant à leur profession et à l'outillage qui lui est propre. Ils doivent être et sont intégralement renseignés. Cette soif de tout connaître et de tout étudier est telle que rarement un homme lancé dans la production ou les affaires refusera d'entendre un inconnu qui lui fait une proposition ou lui apporte un renseignement; il l'accueille et l'écoute avec une attention patiente, sans se prévaloir devant lui de ses connaissances et il faut qu'il ait affaire à un songe-creux avéré pour qu'il l'éconduise. « Nous savons déjà tout cela » est une phrase que je n'ai jamais entendu prononcer de but en blanc par un docteur allemand.

Ils ne cessent de rechercher, soit personnellement, soit par les yeux de leurs collaborateurs, dans les livres nouveaux, dans les périodiques, dans les brevets et dans les catalogues des constructeurs spéciaux, des éléments d'informations utiles, éléments qui abondent en Allemagne, précisément parce qu'étant très demandés, il leur est possible de vivre et de prospérer.

Les bibliothèques d'usines sont richement dotées; à côté des traités allemands, j'y ai vu souvent figurer nombre d'ouvrages français, à la clarté et à la science desquels on n'hésite pas à rendre hommage. Il est notoire que notre littérature technique a un écoulement sérieux en Allemagne. Nous gagnerions à ce que ce fût réciproque. Il faut reconnaître, à notre excuse, que les traités allemands sont lourds et indigestes. Philosophes spéculatifs hier, hommes d'action aujourd'hui, leurs auteurs ont conservé un style d'ergoteurs et d'abstracteurs de quintessence. Enfin, nos industriels ont parfois une excuse moins bonne: c'est de ne pas savoir lire l'allemand.

Quant aux périodiques ils sont innombrables, et comme toutes choses dans le pays, assez étroitement spécialisés.

Enfin, l'expérience m'a démontré que le guide le plus fréquemment consulté par les techniciens est le catalogue de fournisseurs. Tout le monde a vu de ces catalogues, publications luxueuses sur papier couché où les clichés s'impriment si nettement, où tous les modèles de chaque maison sont représentés avec leurs plans, leurs dimensions, leur prix, leur usage spécial, leurs avantages, leur mode d'emploi, leur résistance, la puissance et le personnel qu'ils exigent, la somme de travail qu'ils exécutent; chacune reliée dans une riche couverture de papier-carton estampé, de couleur voyante.

Beaucoup ne se bornent pas à énumérer les produits de leur maison; elles contiennent encore une foule de renseignements généraux sur l'industrie qu'elle représente; ce sont de véritables manuels.

Sans doute, bien des maisons d'autres pays en éditent d'équivalents; ce qui est étonnant, en Allemagne, c'est leur généralisation. Quand un ingénieur allemand projette une installation, il va plus volontiers chercher des renseignements dans des catalogues que dans un traité professionnel.

Ces documents, si fréquemment consultés, sont disposés avec ordre et par catégories dans des armoires toujours à la portée de la main. Quand on a été témoin de ces soins attentifs, on comprend sans peine les sommes importantes que les firmes consacrent à rédiger, illustrer et tenir à jour ces témoins de leurs fabrications, sortes de commis-voyageurs perpétuellement en contact avec leurs clients éventuels

L'attrait qu'exercent sur les esprits les conceptions nouvelles est général et les commerçants savent bien qu'il leur suffit d'inscrire devant un article en lettres fulgurantes, l'adjectif *neu*, pour que l'attention du public soit invinciblement attirée.

« Tout nouveau tout beau » est un proverbe dont le Français et l'Anglais se moquent; l'Allemand et l'Américain y croient.

Par là s'explique avec quelle rapidité les inventions se propagent et se généralisent. Les demandes de brevets sont innombrables. Nulle part, si ce n'est aux Etats-Unis, une invention ayant une valeur n'est plus appréciée qu'en Allemagne; elle assure à son auteur le succès au dedans, et comme il ne s'en tient pas là et la lance à l'étranger avec la ténacité que l'on sait, il n'est pas rare de voir s'élever, sur une idée originale bien mise au point, une rapide fortune. Les ventes de brevets ont un développement croissant et c'est une des spécialités lucratives de l'art de l'ingénieur que l'organisation dans tous les pays du monde d'installations industrielles ayant pour objet l'exploitation d'une licence venue d'Allemagne. Beaucoup de millions y rentrent sous forme de redevances à des propriétaires de brevets.

Les exemples foisonnent: je connais particulièrement en la grande ville de H... un ingénieur encore très jeune qui débutait en 1901 dans un modeste bureau lui servant aussi de logement; je le retrouvais en 1906, installé dans une superbe villa qu'il venait de faire construire. Une petite machine de 1 500 francs, applicable aux produits chimiques, l'avait rendu en cinq ans plus que millionnaire. Il est vrai qu'il en avait vendu des exemplaires et des licences dans soixante-dix-sept usines du monde entier.

Ces réussites excitent les imaginations. Quantité de gens sont atteints de la fièvre inventive. Chacun a, en tête ou en poche, un procédé qui doit l'enrichir; arrivisme qui en vaut bien un autre.

Qui ne reconnaîtra là encore une tendance fortement américaine? Depuis qu'ils se sont américanisés, les Allemands, d'imitateurs serviles, sont devenus des inventeurs féconds.

Mais on a si souvent rapproché, depuis dix ans, les Allemands des Américains, montré cette vieille nation féodale se dressant tout d'un coup sur le monde avec la même vigueur que le jeune peuple issu des énergies sélectionnées un siècle durant dans l'Europe trop étroite, qu'il serait moins banal de rechercher en quoi ils diffèrent.

Pour l'observateur attentif, les différences sont frappantes. D'un côté, des esprits prime-sautiers, intuitifs, vibrant d'une impatiente ardeur, prodigues des richesses inépuisables de leur sol; de l'autre, des hommes réfléchis, opiniâtres, confiants dans la science qui les guide plus qu'en leur personnelle valeur, et, avant tout, économes, je dirais presque respectueux, des matériaux sur lesquels ils étayent leur fortune.

L'Américain gaspille les matières qu'il travaille; la seule économie qu'il pratique est celle de la main-d'œuvre; l'Allemand la recherche aussi, mais il excelle, en outre, à tirer la quintessence des choses. Cette tendance résulte de son esprit scientifique, mais plus encore de la modicité des sources qu'il trouve à sa portée.

Obligé de beaucoup acheter au dehors et à beaux deniers, il en apprécie la valeur et veut en tirer le maximum de rendement.

Il met de l'acharnement à extraire d'un minerai tous les principes secondaires, à utiliser les sous-produits d'une fabrication, et, pour y parvenir, fait appel à toutes les forces de son esprit, à toutes les lumières de son savoir. Rien ne se perdra de ce qui peut constituer un profit.

Regardez cet amas de vieilles boîtes de sardines, éventrées et vides, résidu encombrant et inutilisable croyez-vous. Attendez: chacune d'elles contient quelques décigrammes d'étain; l'étain est un métal cher. Il y a là matière à une exploitation. Le procédé de traitement, on le fait breveter, on l'exploite; bien mieux, on le vend aussi à l'étranger et je connais telle grande firme française qui l'a adopté et qui paye chaque année à l'inventeur un nombre respectable de billets de mille francs, sans compter que l'installation montée en France a produit des bénéfices aux constructeurs allemands qui l'ont établie.

Voici, ailleurs, une usine à superphosphate, colossale; il lui faut 50 000 tonnes par an de phosphates. L'analyse indique dans ces minerais à peine quelques millièmes d'acide fluorhydrique; on s'organisera pour le recueillir. Les procédés sont longs, méticuleux, compliqués; qu'importe? Ici, l'Allemand est dans sa sphère.

Malgré tout, il sent bien que, sur beaucoup de points, l'Américain est supérieurement doué; incontestablement, il l'imite; il l'imite dans sa lutte contre la main-d'œuvre, dans le travail en série, dans le machinisme porté à ses dernières limites et, enfin, dans l'ampleur de sa publicité commerciale. Loin de se défendre de cette tendance, il l'affiche volontiers et les fils de riches industriels ou commerçants sont aujourd'hui envoyés en stage non à Paris, non en Angleterre, mais aux Etats-Unis.

A première vue, le système industriel allemand paraît être onéreux. Les sociétés enfouissent en matériel coûteux et incessamment renouvelé des sommes effrayantes; mais, si on l'examine de plus près, on s'aperçoit qu'il n'en est rien et que les prix de revient sont peu élevés. Les outils perfectionnés travaillent à bon compte et exigent une main-d'œuvre très réduite. Si une usine *moderne* — c'est leur terme favori — peut faire avec cent ouvriers le même travail qu'une usine ancienne avec deux cents, il est facile de voir que la première a un avantage annuel de 100 000 francs sur la seconde; j'accorde que l'usine ancienne aura, je suppose, dépensé en matériel 500 000 francs de moins que la moderne, ce qui représente, à l'amortissement de 10 p. 100, une économie annuelle de 50 000 francs; mais, comme chaque année elle paye 100 000 francs de plus de salaires, elle est en retard finalement de 50 000 francs par an sur la moderne.

Les firmes, tout en distribuant de gros dividendes, mettent chaque année en réserves et en amortissement, des sommes énormes, réserves et amortissements en grande partie immédiatement réemployés en matériel ou en agrandissements. L'industriel allemand est un joueur opiniâtre qui, lorsqu'il gagne, remet perpétuellement au tapis et qui, même quand il ne gagne pas, ne s'abstient que s'il n'a plus d'argent. Que de fois j'ai entendu dire qu'on doit profiter des années de crise pour renouveler son matériel!

Quand un exploitant sacrifie, pour en installer un nouveau, un matériel vieilli mais non usé, il ne le vend pas, mais le démolit, de crainte qu'un concurrent de second ordre n'ait la velléité de s'en servir.

J'entends d'ici une objection: « Si ce matériel vieilli

paraît à la firme A impropre à une production avantageuse comment pourra-t-il être utile à une firme B? » La crainte repose sur l'existence des cartels. Un cartel ou entente, lie tous les producteurs d'un même article; A en fait partie. Grâce à cette entente, les prix sont tenus et les affaires avantageuses, tant qu'il n'y a pas de dissidents, ni de nouveaux venus tels que B, et B peut être alléché par la possibilité d'acheter, à très bas prix, un vieil outillage à l'aide duquel il pourra, en raison de la hausse artificielle maintenue par le syndicat, le faire composer ou lui créer des embarras.

Il y a, d'ailleurs, des exceptions à la règle. Tout le monde sait que la Compagnie hambourgeoise-américaine est la plus puissante de toutes les sociétés de navigation; sa flotte atteindra bientôt 1 million de tonneaux. Or, il est de principe qu'aucun de ses bateaux ne doit avoir plus de vingt ans de service; elle se débarrasse donc, chaque année, de 40 000 à 60 000 tonnes de steamers qu'elle vend à des marines inférieures: grecque, turque, russe, brésilienne, etc., dont elle croit n'avoir rien à redouter.

C'est grâce à ces réserves copieuses et à leur réemploi qu'on voit des sociétés faire un chiffre d'affaires surprenant avec un faible capital. Ainsi, le capital de la Compagnie hambourgeoise-américaine n'est que de 125 millions de marks actions et 80 millions obligations; son matériel seul vaut au moins trois fois ce chiffre.

Reste le cas — très fréquent — où la firme manque de capitaux; c'est alors qu'elle fait intervenir une ou plusieurs banques dans ses affaires, sujet sur lequel j'aurai à revenir.

Le mode d'évaluer les revenus mobiliers diffère de nos habitudes françaises. Quand nous achetons une valeur, du P.-L.-M. par exemple, nous regardons le cours de la Bourse et nous disons qu'à ce cours nous avons fait un placement à 3 p. 100. En Allemagne, on évalue toujours le rendement d'une exploitation d'après son capital initial, indépendamment du cours des titres. Ainsi, si une société au capital de 10 millions de marks distribue à ses actionnaires 750 000 marks, on dit que cette affaire rend 7 1/2 p. 100.

L'état-major subalterne de l'industrie est-il à la hauteur de ses chefs? Il m'a toujours paru qu'une large dénivellation la sépare. Sans doute, les *meister* (contremaîtres) sont laborieux et disciplinés; ils ont passé trop de temps dans les écoles professionnelles pour ne pas être compétents; mais, je ne les crois pas, dans la moyenne, capables de s'élever au-dessus de l'exécution consciencieuse d'un travail commandé.

Ce sont de bons sous-officiers. Or, en Allemagne, dans le civil comme dans le militaire, être sous-officier est une carrière dont on ne sort pas. Il est bien peu d'exemples de contremaîtres devenus patrons. Peut-être la hiérarchie sociale s'y oppose-t-elle, mais plus encore l'insuffisance du savoir. La plupart des firmes étant par actions, il est assez invraisemblable qu'un conseil d'administration prenne pour directeur un contremaître quand il peut le choisir dans une masse pléthorique de candidats instruits.

Toutes les personnes familiarisées avec l'industrie connaissent la tendance qu'ont certains appareils ou produits à ne vouloir donner satisfaction que quand leur fournisseur en a démontré le fonctionnement au contremaître à l'aide d'arguments sonores; cette tendance existe aussi en Allemagne.

Le milieu ouvrier allemand est certainement supérieur en instruction générale et en savoir professionnel à celui des autres pays, et, cependant, on se tromperait fort si on le croyait meilleur artisan. Ce serait plutôt le contraire. Ils sont respectueux de la consigne et possèdent du sang-froid, voilà pour les qualités : il leur manque l'adresse, le goût et l'initiative, et aussi la notion du travail fini, soigné, car l'instruction les a dégrossis et non affinés. La fabrication allemande se reconnaît à une conception rationnelle, une étude sérieuse et une exécution fruste. Toutefois, il y aurait injustice à ne pas reconnaître qu'elle est en progrès. L'enseignement professionnel accomplit son œuvre lentement, mais sans relâche.

CHAPITRE V.

Au Pays du fer

Le milliardisme en Allemagne. — Le plus riche bassin houiller et métallurgique d'Europe. — Le port de Ruhrort. — Les marées de la houille. — Haniel et Lueg. — Une presse de 6 000 tonnes. — La grue de 200 tonnes de Benrath. — Les sentinelles de Krupp. — Au Stahlverband. — *L'orgueil des forgerons. — Articles camelote. — Un ingénieur français au Rheinland.*

Il y a quelque temps, je fus appelé pour une affaire technique à Hamborn, lieu géographique dont j'ignorais alors l'existence. On me l'avait repéré près de Duisbourg, ville métallurgique de cent quatre-vingt-quinze mille habitants, sise au nord de Dusseldorf, près du Rhin, sur la plus septentrionale des lignes qui vont de Cologne à Berlin.

Arrivé à Duisbourg, le premier habitant auquel je demande les moyens de transport pour Hamborn me déclare ne pouvoir répondre à une question ainsi posée et passe son chemin; le second me renseigne avec embarras; sur ses indications vagues, je prends un tramway; trente minutes après, me voici au terminus, à Hamborn, apparemment. Je nomme l'usine où l'on m'attend.

— Oh! c'est fort loin d'ici; vous avez à prendre

encore un tramway, puis à marcher vingt bonnes minutes.

J'arrive enfin.

— Pour Dieu, expliquez-moi quel pays est le vôtre? dis-je au directeur qui ne m'attendait plus.

— Vous avez demandé à Duisbourg la route de Hamborn, me dit-il, c'est comme si vous aviez, à la gare de Paris, réclamé un billet pour la Westphalie. Hamborn n'est pas une ville, mais un faisceau de localités, fief industriel de M. Thyssen, qui couvre plusieurs milliers d'hectares, peuplés d'environ cent mille habitants. L'enclave où nous sommes ici en occupe à peu près le centre.

Puis, me conduisant sur un point élevé, il ajouta:

— Tout ce que vous voyez à l'horizon, aux quatre points cardinaux: ces cheminées, groupées ou isolées, ces treuils de houillères, ce port fluvial, ces voies ferrées, cette gare de marchandises immense, ces clochers, ces maisons innombrables, tout cela est chez Thyssen.

J'essayai de compter les cheminées. Quand j'arrivai à deux cents, je n'avais pas scruté le tiers de l'horizon; je m'arrêtai; elles étaient trop. Dans la direction du sud-ouest, à 3 kilomètres, elles apparaissaient tellement pressées qu'elles barraient presque totalement l'horizon.

— C'est l'usine de *Deutscher Kaiser*, la plus moderne des créations de Thyssen et le dernier cri du progrès métallurgique.

— On la peut visiter?

— J'en doute: mais vous pouvez toujours le tenter.

Je me le promis. En attendant, j'employai ma première soirée à me promener au travers des serfs de Thyssen.

Curieuse transformation d'un pays où vingt-cinq ans plus tôt, il n'y avait rien, rien!

Une douzaine de petits villages sont devenus des villes de cinq mille, huit mille, quinze mille habitants. Au centre de chaque agglomération une église, des écoles, un hôpital, un bureau de poste, des cafés, des hôtels fort bien tenus, des magasins ruisselant de lumières, comme en de petites capitales. Ces villes sont reliées entre elles par des avenues de 25 mètres, ombragées d'arbres encore adolescents, avec squares, statues, fontaines jaillissantes. Le tout, neuf, pimpant, propre, respirant l'aisance. Des tramways les sillonnent en tous sens. A peine quitté le faubourg d'une ville, on tombe dans le faubourg d'une autre. Sur les côtés, en avant, en arrière, des ateliers, des usines, des puits de mines, des entrepôts et des voies ferrées à s'y perdre.

La partie du bassin de la Ruhr, où nous sommes, est son extrémité nord-ouest, la dernière découverte, la dernière exploitée et la plus riche, dit-on. Tout ici est l'œuvre et la propriété de Thyssen. C'est le milliardisme yankee implanté sur le sol féodal de la Germanie.

Et ce que l'on voit sur quelques milliers d'hectares est l'image en réduction des 1 500 kilomètres carrés qui forment le bassin houiller et métallurgique de la Ruhr. Sa superficie ne dépasse guère celle du plus petit de nos départements français, et onze millions d'âmes y vivent. L'augmentation, en ces derniers temps, est de près d'un demi-million d'habitants par année. L'Allemagne de l'Est y afflue, trouvant là des salaires élevés.

La limite de la Prusse rhénane et de la Westphalie le coupe presque en son milieu. Deux petites rivières le sillonnent, la Wupper et la Ruhr, et on y compte aujourd'hui douze villes de plus de cent mille habitants, dont, en dehors du charbon et du fer, chacune a ses spécialités industrielles:

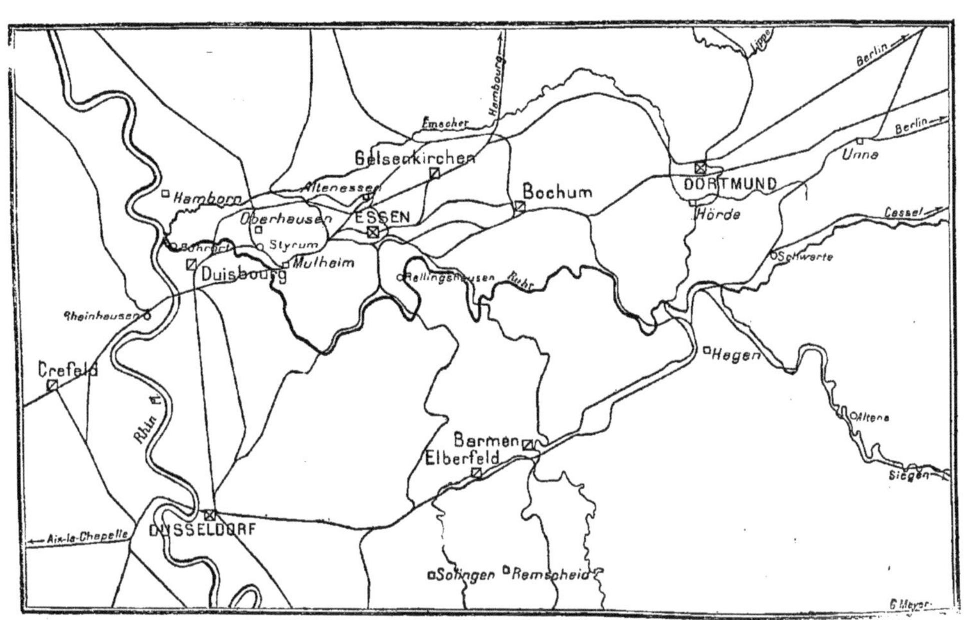

AU PAYS DU FER : LE BASSIN DE LA RUHR

Dusseldorf, l'opulente capitale de la province 347 000 habitants); Aix-la-Chapelle (173 000 habitants), machines-outils, textiles; Barmen (162 000 habitants), tissus et apprêts; Duisbourg (210 000 habitants), mines, forges, constructions métalliques; Bochum (138 000 habitants); Essen (270 000 habitants); Mulheim-sur-Ruhr (109 800 habitants); Gelsenkirchen (180 000 habitants); Dortmund (215 000 habitants); territoire de Hamborn (100 000 habitants), forges et hauts fourneaux; Cologne (483 000 habitants); Crefeld (135 000 habitants), soieries; Elberfeld (175 000 habitants), filatures, tissages et produits chimiques; puis, un nombre au moins égal d'agglomérations de 40 000 à 100 000 habitants, entre autres Remscheid, la ville des taillandiers, et Solingen, la patrie des couteaux.

Les principales sociétés métallurgiques sont *Krupp* à Essen et à Rheinhausen; *Phœnix* à Ruhrort, Horde, Una et Eschweiler; *Gute Hoffnungshütte* à Oberhausen; *Thyssen* à Bruckhausen, Styrum, Mülheim-sur-Ruhr; l'*Union* à Dortmund; la *Westphalische Stahlwerk* à Bochum; la *Bochumervereine* à Bochum; *Erhardt* à Dusseldorf; la *Gelsenkirchen Eisenhütte* à Gelsenkirchen et à Rothe Erde.

La plupart de ces firmes possèdent leurs propres charbonnages. Il existe cependant un assez grand nombre de houillères indépendantes, telles que la *Harpener*, la *Gelsenkirche Bergwerke*, la *Hibernia*, cette dernière ardemment convoitée par le gouvernement prussien qui ne veut pas perdre une occasion d'accentuer son *étatisme*.

De l'ensemble de ces établissements sortent par an près de 100 millions de tonnes de combustible et environ 10 millions de tonnes de fonte ou d'acier, soit à peu près trois fois la production totale française.

Pour se faire une idée des masses ainsi extraites

de cet étroit bassin, on peut imaginer un train où l'on aurait chargé la production métallurgique d'une année entière: il aurait neuf fois la longueur de la ligne de Paris à Marseille. Et si on voulait former aussi un convoi emportant tout le charbon, il pourrait ceinturer deux fois la circonférence de la terre.

L'épuisement du bassin de la Ruhr laisse absolument tranquilles, pour l'avenir, les exploitants actuels; on y a reconnu le charbon par centaines de milliards de tonnes, et l'on n'a point encore délimité son étendue. Jusqu'ici tous les puits et tous les hauts fourneaux (sauf ceux de Rheinhausen) sont sur la rive droite du Rhin; mais voici que des sondages récents ont découvert des couches aussi abondantes, mais plus profondes, sur la rive gauche, au nord de Crefeld. Des concessions ont été demandées; les capitaux commencent à y affluer, des capitaux français notamment.

Un peu plus de la moitié de ce charbon est consommé sur place dans les forges et les usines de toutes sortes qui foisonnent dans le rayon immédiat. L'autre moitié et la majeure partie des fontes, aciers ou fers ouvrés sont exportées dans le monde entier.

Le bassin de la Ruhr a pour exutoire principal le Rhin, puis le canal de Dortmund à Emde, port récemment ouvert sur la mer du Nord, entre Brême et la Hollande, et, enfin, les voies ferrées qui divergent dans toutes les directions.

Le port sur le Rhin est Ruhrort, le point du monde qui voit passer le plus de bateaux; de 50 000 à 55 000 par an, soit plus de 150 par jour, d'un tonnage de 300 à 2 500 tonneaux. Le poids de marchandises transportées s'élève presque au tonnage de Hambourg, disons 20 millions de tonnes. Ruhrort est à la fois exportateur de charbon et de fers et importateur de minerais et de denrées alimentaires.

On se représente généralement un port fluvial, comme un quai plus ou moins long bordant la rive d'un fleuve. Le port de Ruhrort n'est rien de semblable. C'est un large canal qui, partant du Rhin, s'enfonce dans l'intérieur des terres, se recourbe et se subdivise en bras nombreux et divergents, que la Ruhr alimente.

Y en a-t-il 18, 25, 35 kilomètres, je ne saurais le dire; chaque année on l'allonge d'un certain nombre de milliers de mètres et on augmente sans relâche leur largeur et leur profondeur: chaque kilomètre courant revient environ à 1 million de marks. A la suite des parties créées par l'Etat prussien, s'ouvrent celles creusées par les grands usiniers riverains, qui se raccordent au port à l'aide d'embranchements d'eau, comme d'autres à une gare par un tronçon de voie ferrée. Ils sont ainsi une demi-douzaine de puissants métallurgistes qui ont chacun leur raccordement navigable.

Telle, par exemple, la *Gutehoffnungshütte* d'Oberhausen, à 10 kilomètres du Rhin, société au capital de 24 millions de marks, qui occupe en une seule usine vingt-trois mille ouvriers, produit 600 000 tonnes de fonte ou d'acier, dispose de plus de 100 000 chevaux de force et couvre de ses bâtiments une surface de 400 000 mètres carrés.

Il est aisé de se faire une idée de la disposition de ce canal, mais impossible de s'imaginer le mouvement qui l'anime et la profusion, la prodigalité d'outillage qui le surplombe.

Ce n'est pas une installation, c'est une exposition universelle d'instruments de chargements et de déchargements, de grues, d'élévateurs, de transporteurs aériens, de basculeurs, de cuillers à double griffe, de pompes à grains, de chaînes, de câbles, de tambours, de déchargeurs de wagons, de dragues, d'estacades, de ponts roulants, de plans inclinés, de chantiers de construction et de réparation de bateaux. Les kilomètres succèdent aux kilomètres et le spectacle ne finit pas.

Entre les chefs de firmes règne une émulation féconde d'avoir chacun le matériel le plus complet, le plus puissant, le plus nouveau, et l'Etat prussien se croirait déshonoré s'il ne leur fournissait à tous les moyens d'exporter les produits de cette industrie rhénane, dont il est incommensurablement orgueilleux.

Aucun touriste parcourant les bords du Rhin ne devrait se priver de ce spectacle, unique en son genre sur le continent. Ruhrort n'est qu'une localité de vingt mille habitants; mais les rives du port sont peuplées de plus d'un demi-million d'âmes.

Une fois embarquées sur le Rhin, les marchandises remontent vers Cologne, Coblentz (la Moselle), Mayence, Francfort (le Mein) et Mannheim; quelques-unes jusqu'à Strasbourg et, dans un avenir prochain, jusqu'à Bâle. Mais la plus grosse part descend le fleuve et va s'embarquer à Rotterdam, ce qui fait de cette ville hollandaise le plus grand port du continent après Hambourg.

Le trafic qui s'est prononcé de Dortmund à Emde, est peu de chose en comparaison de celui du Rhin, mais les chemins de fer, qui rayonnent dans tous les sens autour de la Westphalie, emportent un tonnage énorme. Du côté de Brême et de Hambourg notamment, c'est un défilé ininterrompu de trains de charbon. Il se produit, toutefois, à Hambourg, un effet de marée de houille des plus curieux.

Hambourg est tout naturellement le point de l'Europe où converge le plus de charbon, pour satisfaire aux besoins de l'industrie, mais plus encore pour alimenter de combustible les cent cinquante services de navigation qui y ont leur tête de ligne. Or, suivant les années, les frets et les prix, le plus souvent le charbon anglais refoule les charbons de l'intérieur, mais parfois aussi les houilles de la Ruhr repoussent les houilles anglaises, produisant ainsi un mouvement de flux et de reflux comparable à celui des marées.

Le jour où je me présentai aux bureaux du werk de Deutscher Kaiser, ayant décliné mes nom et qualité, j'attendis longtemps, et quand on me répondit, ce fut pour me laisser entendre que l'on ne donnait autorisation de visiter qu'aux personnes de notoire incompétence. Et le rapprochement me vint aussitôt du Creusot où tout étranger est admis : sans doute on ne lui montre que ce que l'on veut; mais, enfin, il a vu quelque chose et repart satisfait.

Refuser brutalement et sans formes est un atavisme que les Allemands ont encore à dépouiller. Fort heureusement ils accordent plus souvent qu'ils ne refusent et alors c'est de toute bonne grâce.

Ainsi, l'accueil de la célèbre firme *Haniel et Lueg* me fit oublier l'autre.

L'usine *Haniel et Lueg*, à Dusseldorf, est spécialisée dans la construction des très grosses pièces de fonte et d'acier. Elle reçoit la fonte en gueuses qu'on transforme en fontes de cubilot ou en aciers Siemens-Martin. Les lingots d'acier coulé atteignent jusqu'à 60 000 kilogrammes. C'est dire de quel outillage on dispose pour les manœuvrer.

Debout contre la paroi d'un hall, voici deux de ces lingots d'acier, hauts de 4 mètres, larges de 1 m. 20. On les a sectionnés du haut en bas par le milieu. Ces deux sections ont deux aspects assez différents. Dans la première, à la partie supérieure est un vide en forme d'entonnoir, tel le cratère d'un volcan éteint,

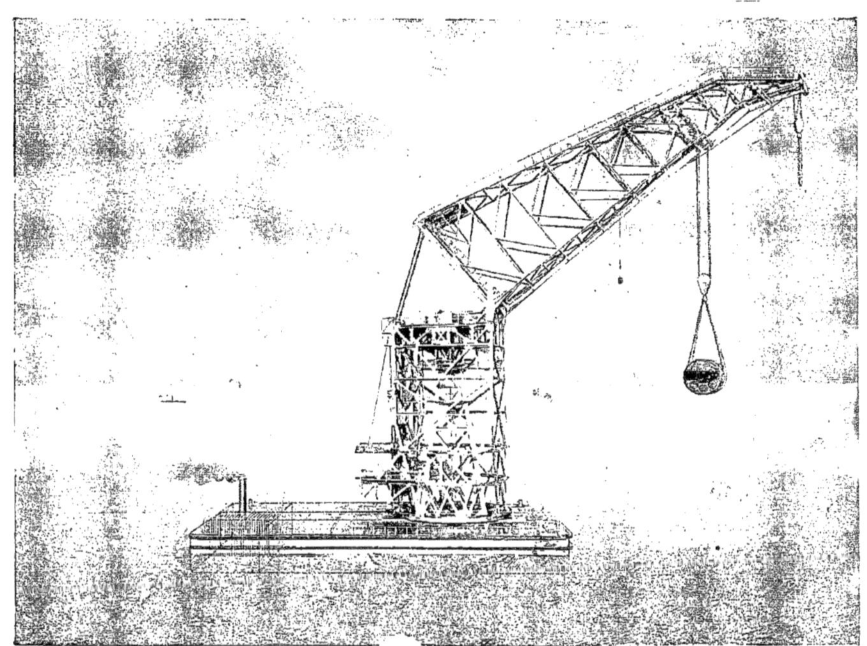

(Cliche, Benrather Maschinenfabrik.)

Grue sur ponton de Benrath. Puissance 150 à 175 tonnes

qui descend jusqu'au quart de la hauteur. Le métal est même affecté plus bas encore; on suit de l'œil, pour ainsi dire, une ligne de moindre résistance jusqu'à mi-hauteur du lingot; c'est une énorme soufflure.

Dans l'autre lingot, au contraire, l'acier est compact et sain jusqu'au bord supérieur. Voilà un lingot sans soufflure; il est obtenu à l'aide du procédé Diemer qui consiste à réchauffer dans la lingotière même, le lingot fondu et coulé. La différence à l'œil est frappante; à l'analyse chimique elle ne l'est pas moins, le second est homogène, le premier non.

Impossible aussi de ne pas être frappé par l'énormité de certains outils. Voici un tour qui peut tourner des pièces de 10 mètres de diamètre; il est occupé à aléser la circonférence d'un volant de 8 m. 80.

Plus loin, je remarque un *marbre*, le plus grand marbre, certainement, que j'aie encore vu: sa surface est de 140 mètres carrés. On sait qu'un *marbre* est un plateau de fonte horizontal, sur lequel se fixent les pièces que l'on veut usiner. Un étambot de paquebot (pièce d'acier qui forme l'arrière) y est attaché; contre chaque côté du marbre se dressent quatre grosses machines-outils qui peuvent se déplacer de droite à gauche, de haut en bas, d'avant en arrière, tels quatre cyclopes dont le rôle est de perforer, aléser, fraiser, raboter, polir la pièce en travail; de plus, deux ou trois autres machines-outils mobiles sont perchées et accrochées sur elle et lui font subir des opérations plus superficielles. Chacun de ces ouvriers d'acier porte son moteur électrique. Grâce à cette simultanéité d'effort, l'étambot de 40 à 50 tonnes pourra être terminé en vingt jours. Dans un atelier ordinaire, il faudrait trois mois.

L'appareil le plus monumental que j'ai encore dans les yeux est une presse hydraulique à forger de 6000 tonnes, silencieuse, remplaçant les anciens marteaux-pilons dont le choc ébranlait tout un quartier. La hauteur de ce monstre est d'au moins 20 mètres. Il y a encore une paire de cisaille pouvant couper des tôles de 60 millimètres.

Enfin, ce qui apparaît en ce moment c'est le grand nombre de moteurs à gaz de hauts fourneaux, en construction. On en conclut nécessairement que ce sont les moteurs à la mode. Le type courant est de 1500 chevaux avec deux cylindres; mais certains atteignent 4500 chevaux avec quatre cylindres. L'obstacle à leur généralisation était l'encrassage; aujourd'hui, la purification des gaz est assurée. Cependant, vu le nombre de hauts fourneaux qui vomissent des gaz carburés dans le Rheinland, on ne saura bientôt plus que faire de toutes ces forces; aussi de nombreuses combinaisons sont-elles à l'étude pour les utiliser.

Malgré la puissance impressionnante de son outillage, l'usine Haniel a un vice qui est secondaire en Allemagne et qui serait rédhibitoire en France.

Il lui arrive fréquemment d'avoir à livrer des étambots ou des étraves dont le poids s'élève à 60 ou même 80 tonnes et dont les dimensions dépassent le gabarit des wagons; or, l'usine est à 4 kilomètres du Rhin! On se tire d'affaire, grâce à des chariots spéciaux, attelés d'une quarantaine de colliers et à la Graffenberg-Allée, avenue de 30 mètres de largeur, qui conduit au fleuve. Là se trouvent des grues capables de transborder le fardeau.

Mais imaginez la même usine à 4 kilomètres de la Seine ou du Rhône; amenez sur la rive un tel colis et demandez à l'administration de vous le poser sur un chaland; voit-on d'ici la figure du fonctionnaire des ponts et chaussées et sa réponse?

Et, malheureusement, il n'y a pas que l'administration qui fasse chez nous la réponse que l'on pressent!.. Les chemins de fer en Allemagne fournissent à volonté des wagons pouvant porter 80 000 kilogrammes.

Non moins impressionnante est la *Benrather Maschinen Fabrik*, entre Dusseldorf et Cologne. Là on construit des appareils de levage de dimensions exceptionnelles. Tandis que dans les ateliers d'Haniel et Lueg, on coule des pièces énormes de fonte ou d'acier d'un seul bloc, à Benrath, on assemble, par boulons ou rivets, des fers profilés et des tôles de dimensions moyennes pour en construire des appareils quelquefois gigantesques.

Les halls de cette usine appellent, à première vue, cette remarque : beaucoup de place et beaucoup d'outillage.

De toutes parts, on a multiplié les ponts roulants ; on en compte plus de cinquante dans les divers ateliers ; deux des halls ont une hauteur de 30 mètres, à peu près la nef de Notre-Dame, et tout en haut, circule un pont de 15 tonnes dont le crochet est à 25 mètres au-dessus du sol ; ailleurs, un transporteur a une portée de 30 mètres et une force de 20 tonnes. Tous ces outils sont à moteur électrique et leur vitesse d'avancement est effrayante. Dans le hall de la forge et du rivetage, qui a 300 mètres de longueur, un pont roulant, chargé de 10 tonnes, se transporte d'un bout à l'autre en une minute et quart.

Le rivetage de presque toutes les pièces s'opère au moyen de l'air comprimé et du marteau riveteur pneumatique, reconnu supérieur au rivetage hydraulique pour les charpentes (mais non pour les chaudières). Une tendance, ici manifeste, est de multiplier les applications des outils à air comprimé ; de ce système sont les ciseaux à dériveter, les machines à percer, etc.

Mais si demain un outillage différent est reconnu

meilleur, les ingénieurs de Benrath déclarent qu'ils l'appliqueront immédiatement.

Dans cet énorme hall de 300 mètres, qui couvre une surface de 11 000 mètres, je remarque encore, le long des lignes de poteaux, de petites grues trotteuses de 1 000 kilogrammes, qui courent d'un bout à l'autre de l'atelier, suspendues à un rail supérieur, et maintenues d'aplomb par des galets latéraux. Ces appareils que l'on nomme ici des grues vélocipèdes, desservent, avec une surprenante rapidité, des lignes de machines-outils disposées sur leur passage.

Ailleurs, une machine-outil est suspendue comme une pieuvre à un pont roulant, on la dirige au-dessus d'une pièce en construction, solidement attachée, sur laquelle elle descend et où on la fixe; et, aussitôt, commencent, de haut en bas sur la victime, les opérations que l'on a résolu de lui faire subir.

Incessante est la préoccupation chez les hommes qui dirigent ces grandes entreprises de diminuer la main-d'œuvre et la durée des travaux.

Ils ont, en outre, à résoudre un problème qui se présente pour tout appareil sortant de leurs ateliers. Comment le construire dans chaque cas, de façon que ses éléments démontés ne dépassent point les gabarits des voies ferrées?

Quand on voit les dimensions de certaines pièces en construction dans les halls, on se rend compte de la difficulté de cette tâche.

Ainsi, voilà une grue à chevalet, autrement dit, un chevalet roulant sur rail, d'une portée entre rails de 40 mètres, d'une hauteur de 30 mètres sous la traverse horizontale et d'une puissance de 100 tonnes, commandée à Benrath par le Creusot.

Mais voici des appareils de dimensions bien plus extraordinaires: ce sont les fameuses grues sur ponton de 150 à 175 tonnes.

Jusqu'ici on n'avait construit que sur terre ferme des appareils d'une telle puissance.

Le type de grues sur ponton, pouvant porter 150 et même 200 tonnes, est breveté par la firme de Benrath dans tous les pays. On comprend quelle difficulté il y a à maintenir en équilibre flottant un tel appareil avec la charge qu'il soulève.

Le poids de la partie mobile de la grue repose sur le sommet d'une tour verticale en forme de pyramide fixée sur le ponton. A la partie inférieure de la construction tournante, qui est une sorte de cloche, on a calé un contrepoids de béton et toute la machinerie de levage, afin d'assurer l'équilibre pendant le travail de la grue. Une autre masse de béton considérable est placée au fond du ponton, pour maintenir sa stabilité. L'avantage du système de Benrath est de n'avoir aucun contrepoids mobile.

La partie circulaire de la grue pour les charges, approchant de 150 tonnes est de 61 mètres de diamètre; pour les charges moyennes, de 87 mètres. Les grues de cette puissance sont essayées à 200 tonnes soulevées sur place et à 175 tonnes effectivement levées et transportées.

Toutes les manœuvres sont électriques; le courant est produit par un moteur central logé dans le ponton.

Plusieurs grues de ce type ont déjà été livrées; notamment une de 110 tonnes à la marine impériale japonaise, une de 70 tonnes au port de Bremerhaven, une de 150 tonnes aux chantiers *Germania* de Krupp, à Kiel; une semblable aux chantiers de Belfast. Dans ces dernières, le sommet de la volée, quand la grue est au repos, s'élève à 75 mètres au-dessus du niveau de l'eau. Le prix d'un tel outil dépasse 1 200 000 francs.

Les ateliers de Benrath occupent mille cinq cents

ouvriers. A peu près deux cents brevets protègent leurs fabrications.

L'Allemagne s'est fait une spécialité de ces appareils d'une puissance extraordinaire, plusieurs maisons les construisent.

Il y a de cela plusieurs années, séjournant quelques semaines à Liverpool, un ingénieur des chantiers de constrtuctions navales de Birkenhead m'en proposa la visite. Ces ateliers, déjà immenses, étaient en voie de nouveaux agrandissements. Plus d'un million de livres sterling étaient affectées à cet outillage nouveau, capable de produire en dix-huit mois, trois Dreadnoughts de front, et à des cales sèches pour paquebots de 300 mètres de longueur.

Déjà étaient en place les plus monstrueux outils qui soient sortis de la main des hommes : tours, cisailles, poinçons à rivets, machines à cintrer, etc. Tout ce matériel provenait des grands constructeurs de Londres, de Glasgow, de Sheffield, de Liverpool. Lorsque la tournée nous amena vers les bassins à flot, au pied de la grande grue fixe de 150 tonnes, je ne pus m'empêcher de dire à mon compagnon :

— Voilà qui n'est pas de la construction anglaise.

L'Anglais ne sait pas mentir :

— En effet, me répondit-il, cette grue vient d'Allemagne. Nous l'y avons achetée parce que les constructeurs allemands nous l'ont faite 80 000 francs moins cher que les nôtres.

Je note cet exemple comme significatif. A établir des outils trapus, devant développer beaucoup de force, l'ingénieur anglais se tire d'affaire en mettant beaucoup de métal et de très bon métal ; mais s'agit-il d'un appareil de grande hauteur et d'une portée inusitée, il faut calculer ; car les manuels sont muets. C'est là que la pratique anglaise est en défaut et que la science germanique triomphe. Grâce au calcul, l'ingénieur allemand détermine les efforts, les résistances, les sections de chaque pièce et résoud le problème avec un minimum de poids que son collègue britannique n'ose pas atteindre: d'où la différence des prix.

L'opinion, en Angleterre comme en Allemagne, est qu'une marine, militaire ou marchande, doit disposer d'un tel outillage, sans lequel tous les sacrifices du pays ou les efforts des ingénieurs sont inutiles; car rien ne rachète le temps perdu. A leur suite et successivement les marines modernes se pourvoient de ces formidables engins.

Que ne les imitons-nous? car, il faut le proclamer, nul pays ne possède des ingénieurs plus capables que les Français de calculer et de monter des ouvrages d'une sensationnelle grandeur. La Tour Eiffel, le Pont de Garabit, la Galerie des Machines ont été construits par d'anciens élèves de Centrale. Et les Allemands n'ont eu qu'à copier cette dernière pour en faire le hall qu'ils admirent tant de la gare centrale de Hambourg.

Essen est à une trentaine de kilomètres, au nord-est de Dusseldorf, presque au milieu du bassin rhénan-westphalien. La capitale de Krupp compte aujourd'hui plus de deux cent cinquante cinq mille habitants. Par une singularité qu'expliquent les débuts de l'affaire et les agrandissements rapides de la ville, la célèbre usine en forme à peu près le noyau.

On chercherait vainement à présenter une vue d'ensemble de ces ateliers les plus énormes que le monde ait encore vu réunis sur un seul point. Ils occupent de 400 à 500 hectares et un bon marcheur, qui se proposerait d'en faire le tour, revenu à son point de départ, aurait couvert près de 10 kilomètres. On peut, d'ailleurs, abréger le parcours, car plusieurs artères transpercent l'usine et la divisent en îlots. Du dehors, on peut compter plus de cent cinquante cheminées, dont une de 14 mètres de diamètre; mais aucun étranger n'est admis à visiter ce monde.

Aux principales portes, un pompier en casque à pointe, uniforme noir à broderies et boutons d'argent, fait sentinelle, portant sur l'épaule une énorme hache, une vraie hache d'exécution. N'est-ce point là un symbole! Les quarante mille ouvriers qui peinent dans cet enfer ne travaillent que pour la mort: canons, obus, éperons, tourelles, blindages, dont, fort heureusement, les quatre-vingt-dix-neuf centièmes iront à la ferraille sans avoir jamais servi. Mais les humains qui vivront dans quelques siècles, ne retrouvant plus ni charbon sous terre, ni arbres sur les continents, que penseront-ils de cet effroyable gaspillage? S'il leur reste encore de quoi fondre du bronze, ils en couleront peut-être des statues aux pacifistes de notre époque; en attendant, Essen en élève, à chaque carrefour, aux membres de la dynastie Krupp.

On voit aussi partout, autour de l'usine, de petits kiosques d'un modèle uniforme où l'on vend une seule denrée, du lait, du lait stérilisé et garanti, l'antidote classique des ouvriers travaillant les métaux.

Il est juste de reconnaître que les institutions philanthropiques, créées par les Krupp, ont une ampleur et une perfection qui en font des modèles dignes d'être imités.

En dehors de l'usine d'Essen, la Société Krupp occupe cinq mille houilleurs et possède les ateliers de *Grusonwerk* à Magdebourg-Buckau, les chantiers navals de *Germania* à Kiel et de *Vulcan* à Stettin. Elle est encore en train d'en construire d'autres à Hambourg. Son armée ouvrière s'élève à une soixantaine de mille hommes. Krupp, de son vivant, était l'homme le plus puissant de l'Allemagne après l'empeur. On sait qu'il est mort sans héritier mâle.

A Essen, se trouve encore le siège du Syndicat général de vente des charbonnages de Westphalie. Rien de plus indispensable aux exploitants qu'une telle association, mais rien de plus difficile à diriger judicieusement et équitablement. Le Syndicat doit en grande partie sa réussite à son chef, M. Kirdof, homme dont la supériorité et l'autorité sont universellement reconnues. Il faut ajouter que les Allemands savent se plier à la discipline sévère des règlements syndicaux; c'est une des causes principales de leur force et de leur prospérité.

Le Syndicat des aciers, le *Stahlverband*, a son siège à Dusseldorf; palais somptueux livré à l'exploitation depuis la fin de 1908. Il se compose d'une construction en beau grès rouge des Vosges, à trois façades ornementées, sur trois rues différentes. La surface couverte est de plus de 3 000 mètres et on a laissé devant la quatrième face un grand espace vide pour pouvoir l'agrandir!

Porche monumental, vestibule d'honneur, murailles de marbre, lustres de bronze doré, plafonds à caissons sculptés, escalier royal aux marches de porphyre, colonnes serties de cuivres étincelants, grand salon d'assemblées générales de 500 mètres carrés, haut de 16 mètres, dont la décoration n'est pas encore achevée, salles moins vastes, mais non moins luxueuses pour le conseil, et, enfin, trois étages de bureaux pour quelques centaines d'employés. Tout cela a-t-il coûté 2, 3, 4 millions? l'addition n'est pas encore faite.

L'édifice n'était guère achevé qu'en 1910 et le syndicat de l'acier prend fin en 1912! Qui peut être sûr de son renouvellement? Son existence dépend des conditions si variées, d'intérêts multiples, non seulement en Allemagne, mais dans le monde entier.

Les membres du *Stahlverband* l'ont si bien prévu qu'en cas de disparition du syndicat, leur palais fera retour à la ville.

Ils ont dressé là un monument d'orgueil où serait à sa place Louis XIV, un Louis XIV modernisé, recevant sa cour, mais non quelques douzaines de forgerons enrichis y discutant le prix de la ferraille. Il faut admirer les Allemands au travail, comme la première nation du monde, mais beaucoup moins quand ils prétendent faire les *snobs.*

Lorsque nous voyons de riches Anglais au Carlton, dans les clubs de Londres ou au Stockboard de Liverpool, qui a coûté beaucoup plus que le Stahlverband, ces hommes, au milieu de ce luxe princier mais sévère, semblent dans leur cadre; ils ont l'allure, la prestance, la *branche* qui y conviennent; par contre, les parvenus éminents du Syndicat de l'acier apparaissent amoindris dans les salons colossaux et les décorations théâtrales du Stahlverband de Dusseldorf.

Et il en sera ainsi jusqu'à la fin du monde. Quelques heures suffisent pour affiner un métal, il faut plusieurs générations pour affiner l'homme. Les Anglais ont derrière eux un siècle d'opulence, les Allemands dix années; stage insuffisant.

Pour le moment ils traitent magistralement les affaires : c'est leur Syndicat qui règle en Europe le prix des aciers et des fers; toutes les ventes passent par lui, ventes en Allemagne de tous les fers et aciers bruts ou ouvrés, ventes dans le monde entier des gros fers seulement, dont le Syndicat international, Amérique comprise, a son siège à Londres.

A tout membre du Syndicat pris en flagrant délit d'une affaire faite en dehors, une amende de 20 marks par tonne livrée, rappelle efficacement ses devoirs;

et, comme chaque syndiqué a un compte de cautionnement obligatoire au Verband, le payement de la pénalité n'offre point d'aléa.

Voulez-vous connaître la vraie camelote allemande? Allez à Solingen, ville de 50000 habitants, non loin d'Elberfeld. Là j'ai vu, il y a quelques années, des haches à 5 sous, des canifs à 10 centimes et des marteaux à 1 sou; mais on en a pour son argent. Ces tours de force sont accomplis avec de la fonte de fer ou de l'estampage; à l'aide de la division du travail poussée à ses dernières limites et d'un outillage merveilleux qui réussit à donner aux objets une apparence présentable, quelquefois flatteuse: puis on a de très bons vendeurs, pas de contrôle chimique ou mécanique possible, aucune garantie de durée; on peut ainsi inonder tranquillement le monde où il y a plus d'acheteurs que de connaisseurs. C'est un fléau, assurément, pour les concurrents anglais ou français qui font de la belle et bonne coutellerie; sans doute, quand on a visité Sheffield on apprécie la distance qui sépare le produit anglais du produit allemand; malheureusement, chaque client n'a pas l'occasion de voir successivement Thiers, Solingen et Sheffield et tout ce que peut faire le visiteur d'un jour, c'est de signaler cette différence. Il y a, à Solingen, un grand nombre de maisons; elles se valent à peu près toutes. Ainsi que l'avoue, avec une franchise non déguisée, un prospectus: « La technique moderne a cent moyens de donner à un mauvais couteau, à une mauvaise fourchette, à une mauvaise paire de ciseaux, les apparences de la perfection. »

Remscheid, voisine de Solingen, en est séparée par la vallée profonde de la Wupper, sur laquelle a été jeté un immense pont en arc métallique d'une seule portée qui rappelle en tout point celui de Garabit. Là on développe plus d'efforts pour arriver à bien faire les outils; on s'est mis résolument depuis peu aux procédés nouveaux de l'électrométallurgie.

Dans ce milieu du Rheinland qui dispute au Lancashire et à la Pensylvanie l'honneur d'être le coin du monde où l'activité humaine atteint son apogée et où se remuent le plus de houille, de minerais, d'acier et d'or, un de nos compatriotes, le fait est à signaler, a su se créer une situation à la fois indépendante et enviable. L'ingénieur Pierre Dujardin, ancien élève de l'Ecole centrale, débarqua un matin, vers 1900, près de Dusseldorf, pour y installer, dans une fabrique de produits chimiques, quelques appareils de construction française. C'était l'époque où des millions de capitalistes, d'ingénieurs, d'entrepreneurs, de maçons, de mineurs, de métallurgistes, de terrassiers remuaient le pays comme une immense fourmilière.

Précisément, on parlait beaucoup des nouveaux alliages de fer et de chrome que la houille blanche et les fours électriques de Moissan-Bullier avaient rendus industriels.

A cette époque, les métallurgistes rhénans en étaient encore à fabriquer les aciers chromés avec du chrome aluminothermique, c'est-à-dire obtenu par la réduction des oxydes de chrome à l'aide de l'aluminium métallique. Le chrome ainsi isolé coûtait de 5 à 6 francs le kilogramme. Dujardin s'assura la représentation des ferro-chromes électriques provenant des usines françaises et suisses, et vint offrir aux Allemands des alliages à 60 p. 100 de chrome au prix de 200 francs les 100 kilogrammes (soit 3 fr.

le kilogr. de chrome). Les producteurs de cet alliage connurent quelques années d'extraordinaire prospérité. Mais ensuite la concurrence devint telle que nous voyons aujourd'hui les mêmes produits tombés à 400 francs la tonne. Si quelques-uns se maintiennent encore à des prix variant de 1500 à 2000 francs, c'est que, grâce à des tours de main onéreux, on arrive à les débarrasser, sur la demande des acheteurs, de presque tout leur carbone. Quoi qu'il en soit, c'est la sombre débâcle.

Entre temps, se présentèrent les ferro-silicium à haute teneur; notre compatriote n'eut garde de les laisser échapper; il en vendit en 1902, 30 tonnes; en 1903, 200 tonnes; en 1907, 2500 tonnes. Les prix variaient, au début, entre 500 à 600 francs la tonne, maintenus par un syndicat. Malheureusement, des dissidences se produisirent, des concurrents nouveaux apparurent, et, avec eux, la déroute des prix. En somme, malgré un chiffre croissant d'affaires, ces deux industries dont la France a été l'initiatrice sont aujourd'hui gâchées, sauf pour le représentant qui continue à toucher ses commissions.

Ce n'est pas tout: la nécessité de contrôler rigoureusement les alliages qu'il offrait amena notre compatriote à fonder un laboratoire d'essais chimiques et micrographiques des métaux. Ce sont surtout ces dernières méthodes d'analyse qui ont prévalu. La micrographie des métaux et alliages a pour pères en France, en première ligne, Le Chatelier, puis les professeurs Osmont, Guillet, Breuil; en Allemagne, les professeurs Martens, Heyn, Wuzt, etc.; en Angleterre, Sorby, Steedt, etc. Elle exige des appareils optiques d'une grande précision. Dujardin introduisit en Allemagne de nombreux instruments imaginés par nos compatriotes, puis, en construisit de sa propre invention. Il y réussit et par là devint le fournisseur et l'installateur des grandes usines métallurgiques, des écoles polytechniques et des universités; tant et si bien que le petit ingénieur de 1899 est aujourd'hui une autorité en France, en Allemagne et dans les pays de langue germanique.

Avec un sentiment de patriotique camaraderie, il a appelé comme collaborateurs de jeunes ingénieurs de l'Ecole centrale. Sans tirer vanité de sa rapide fortune, il se contente de dire que quand un Français instruit veut développer avec persévérance des qualités d'énergie et d'initiative, il réussit mieux que tout autre. Toutefois, il ne nie pas avoir subi personnellement l'ardente influence du foyer de prodigieuse activité dans lequel un heureux hasard l'a lancé.

CHAPITRE V

Leipzig

Une grande cité allemande. — Le coton et la laine. — Comment on trace et construit un quartier neuf. — Un Denkmal *géant. — Ce que dépense une municipalité. — Le plus bel hôtel de ville d'Allemagne.*

La Saxe partage avec le Rheinland l'avantage d'être la région la plus productive de l'empire; elle est aussi la plus peuplée: 302 habitants par kilomètre carré, alors que la Prusse rhénane n'atteint pas 250. Le royaume compte aujourd'hui près de 7 millions d'âmes. On lui accorde de représenter le germanisme le plus pur et l'intellectualité la plus avancée.

Plusieurs de ses villes, Chemnitz, centre de la fabrication de la bonneterie, Plauen, Zwickau, Zitau, des tissus, ont vu leur population décupler depuis cinquante ans. La capitale, Dresde, dispute à Munich l'honneur d'être le foyer artistique de l'Allemagne, mais se voit aujourd'hui distancée pour l'importance et la richesse par Leipzig, dont les habitants sont fiers de payer 9 millions d'impôts de plus que ceux de leur capitale.

Leipzig me paraît le type complet d'une grande cité allemande moderne ou plutôt d'une vieille ville agrandie et transformée. Par sa population, son commerce et son industrie, elle vient immédiatement après Berlin et Hambourg. On y compte au début de 1909, 537 800 habitants, et l'agglomération totale, y compris les localités suburbaines, est de 600 000 âmes.

Cependant, sa situation topographique n'est pas de celles qui justifient la présence d'une ville de premier ordre. Assise dans une plaine, traversée par plusieurs bras étiques d'un mince cours d'eau, l'Elster, elle n'est pas, comme ses rivales Dresde, Cologne, Francfort, Magdebourg, Dusseldorf, Breslau, desservie par une voie navigable. Toutefois, un canal la reliera prochainement à la Saale, affluent de l'Elbe.

C'est vraisemblablement sa position au centre de l'Allemagne, et même au centre de l'Europe qui a favorisé jadis son développement. De tout temps, pour se rendre de la mer du Nord à l'Adriatique, comme de Russie en France, il était indiqué de passer par Leipzig. De là l'origine de sa célèbre foire qui non seulement s'est perpétuée jusqu'à nos jours, mais s'accroît en importance d'année en année; de là aussi le marché mondial, qu'elle a su conquérir et garder, des peaux et des fourrures.

Enfin, son Université, illustre depuis le quinzième siècle, a toujours attiré l'élite des professeurs allemands, groupé, à Leipzig, une foule d'étudiants de tous pays et donné naissance à une industrie dont elle est complètement maîtresse en Allemagne, la librairie.

A côté de ces sources de prospérité se sont implantées nombre d'industries dont les usines comptent parmi les plus énormes de l'Allemagne. Au premier rang, les industries textiles : Leipzig est le Manchester allemand

Au faubourg de Plagwitz, la *Leipziger Baumwollspinnerei* (filature de coton) fait mouvoir 260 000 broches exigeant une force de 4 000 chevaux. J'appris

Lingots d'acier fondu avec et sans soufflures. *(Cliché Haniel et Luey.)*

un jour par un de ses directeurs, que cette filature est la plus vaste d'Europe.

— Vous en exceptez, sans doute, l'Angleterre, lui dis-je.

— Jusqu'ici, le Lancashire en comptait de plus considérables, mais, après les agrandissements que vous voyez en voie d'achèvement ,— nous étions en 1907, — notre filature sera la plus importante du monde.

Curieux à observer l'orgueil contenu qui perce sur le visage d'un Allemand quand il prononce ces trois derniers mots.

La cité ancienne, le vieux Leipzig, couvrait un modeste espace circulaire de 1 kilomètre à peine de diamètre, entouré d'une enceinte fortifiée qui a fait place à un boulevard circulaire, large de plus de 100 mètres, parsemé de places, de monuments modernes et de jardins publics.

Puis s'est étendue autour, dans toutes les directions, la ville nouvelle, en de longues avenues qui vont rejoindre et traverser les agglomérations voisines, successivement envahies et annexées.

Cet envahissement a été extraordinairement rapide dans ces dernières années. Les chiffres successifs officiels de la population en font foi; elle était de:

32 000 habitants.	en 1800
37 500 —	en 1830
102 900 —	en 1870
357 000 —	en 1890 [1]
456 000 —	en 1900
538 000 —	en 1909
545 000 —	en 1910

1. Annexions suburbaines.

On se rend déjà difficilement compte, quand on appartient à un pays où la population est presque stationnaire, du mouvement de constructions que provoque une semblable poussée. Mais il est plus malaisé encore de le concevoir si l'on songe que, non seulement on a construit des immeubles pour quatre cent mille nouveaux venus en un demi-siècle, mais encore que l'on a démoli presque tous les anciens, devenus impropres aux besoins de confort, recherché aujourd'hui par les Allemands de toutes les conditions.

Cette formidable activité dans l'industrie du bâtiment a produit, résultat paradoxal, une extrême modicité dans le prix de revient. Les entrepreneurs sont admirablement outillés, les fabricants de chaux, de ciment, de briques, les charpentiers, menuisiers, etc., assurés de fournitures incessantes se sont organisés pour les produire au meilleur marché possible. J'en citerai un seul exemple entre mille: la construction en briques (la plus fréquemment employée partout, car la pierre est rare) coûte 17 francs le mètre cube! Les édifices de toutes dimensions sont exécutés avec une extraordinaire célérité.

Grâce à ces avantages, l'habitation, dans la plupart des villes, est réellement à bon marché. Non seulement la vieille maison sordide, antihygiénique, — le taudis, — n'existe plus nulle part, mais les ouvriers, même avec un salaire modeste, sont logés confortablement, soit dans des immeubles vastes, aérés, bordant des voies publiques de 25 mètres de largeur, soit dans des maisonnettes isolées, pourvues d'un petit jardin que les associations philanthropiques et les grands industriels multiplient dans les faubourgs des villes.

Le confort et la bonne tenue du home sont tellement entrés dans les goûts de l'Allemand, que les propriétaires de vieilles maisons, traqués, d'ailleurs, par les commissions d'hygiène, se voient dans la nécessité de les démolir pour faire place à des immeubles modernes, par cette considération sans réplique qu'ils ne trouvent plus de locataires à aucun prix.

Si les pouvoirs publics n'y avaient apporté une prévoyante attention et des réglementations sévères, on aurait assisté au plus complet désordre dans l'aménagement des quartiers neufs. Pour y parer, voici comment on procède:

Etant choisi longtemps à l'avance un terrain de plusieurs kilomètres carrés qu'on destine à recevoir des constructions, on y interdit de bâtir; puis, on y trace un lotissement d'ensemble, avec grandes artères de 30 mètres et rues secondaires de 20 mètres de large, jamais moins. De place en place, on prévoit des squares, quelquefois de véritables parcs; de même des monuments publics, écoles, églises, etc.; enfin, les occupants étant rondement expropriés, on se met à l'œuvre.

Les voies sont ouvertes et pourvues d'égouts, de canalisations d'eau et de gaz, plantées d'arbres, les rails de tramways posés, le pavage et les trottoirs établis. Tout cet ensemble s'achève avec une incroyable rapidité, et c'est un spectacle à voir que cette armée de travailleurs de tous métiers qui débouche chaque matin sur le terrain, pourvue des engins les plus divers, wagonnets Decauville amenant les matériaux, fours à fondre l'asphalte, bétonnières mécaniques, matériel de plomberie, tombereaux, camions, etc. En quelques semaines le travail est enlevé: toute perte de temps serait une perte d'intérêts et l'argent est cher — chacun le sait en Allemagne.

Alors seulement on commence à délivrer les autorisations de bâtir jusque-là refusées et un faubourg est bientôt debout où, peu auparavant, on voyait pousser du blé. Les locataires qui s'y installent y trouvent installés, avant eux, tous les services de voirie.

Aux dix à douze mille habitants dont la ville s'accroît en moyenne chaque année, il faut ainsi deux cents à trois cents immeubles neufs, sans compter les usines qui poussent un peu partout comme des champignons.

Là ne se borne pas la sollicitude des administrations municipales. Elles ont compris, dans toute l'Allemagne, que chacune de ces agglomérations, démesurément croissantes, deviendrait un tombeau pour la race, si les conditions d'hygiène et de salubrité n'étaient pas soigneusement observées.

Il fallait d'abord donner de l'air et de la lumière. Sous ce rapport, les larges rues et les immeubles neufs de Leipzig ne laissent rien à désirer.

Il fallait ensuite offrir au public de la verdure et des buts de promenades; on a multiplié les places, les squares, les parcs, les bois; depuis la forêt de Rosental, dont les 92 hectares coupent la ville en deux parties et à laquelle on s'est bien gardé de rien enlever; depuis l'Albert Park, qui en couvre 48, jusqu'aux jardins publics de quelques milliers de mètres carrés, ajourant tous les quartiers. Dans l'enceinte de la ville, la superficie occupée par des parcs et jardins est plus du double de celle couverte par des rues ou des maisons, et la longueur des voies publiques actuellement plantées d'arbres, dépasse 130 kilomètres.

On achève, en outre, en ce moment, plusieurs parcs nouveaux, et les emplacements choisis sont assez suggestifs, comme on va voir.

Le souvenir de la terrible bataille de Leipzig, le *Volksschlag*, de 1813, est resté vivant au cœur des Allemands, car elle les délivra définitivement de Napoléon, pour qui, nonobstant, ils professent une admiration, partagée, de nos jours, par tous les peuples forts; les Anglais, les descendants de Pitt, de Bathurst et d'Hudson-Lowe ont, pour la mémoire de leur implacable ennemi, un culte grandissant; les Américains en font une sorte de demi-dieu et voici que le Japon, depuis sa métamorphose, fait main basse à Paris sur tout ce qui touche à notre épopée impériale; si jamais le Fils du Soleil Levant vient en France, imitant les souverains de la vieille Europe, sa première visite sera pour celui qui dort sous le dôme des Invalides.

Les Allemands n'en sont que plus fiers de l'avoir vaincu dans les plaines qui entouraient le vieux Leipzig. C'est pourquoi ils ont résolu d'en perpétuer le souvenir par un *Denkmal* (monument commémoratif) auprès duquel la *Germania* du Niederwald, la *Bavaria* de Munich et la *statue équestre de Guillaume Ier* à Coblenz, à l'embouchure de la Moselle, paraîtront des jouets d'enfants. Ce monument, en construction depuis cinq années, sera terminé en 1913, centenaire de la grande bataille. Il s'élève au sud-est de la ville, près du lieu où se tenaient Napoléon et son état-major les 17 et 18 octobre 1813, et à quelques centaines de mètres du tertre et de la stèle de granit qui marque l'emplacement de la tente de l'empereur. Qui eût pu prévoir que la ville, moins d'un siècle après lui, s'étendrait jusqu'à ce point, éloignée de 5 kilomètres de son centre?

Le monument lui-même, debout aux deux tiers, sera d'une esthétique discutable. Sur une colline artificielle, haute d'une vingtaine de mètres, est assis un socle massif, carré de 100 mètres de côté; ce socle supporte un arc de triomphe, de la dimension de celui de l'Etoile, à quatre portiques égaux; par-dessus cet arc s'arrondit une sorte de dôme, flanqué de personnages guerriers d'une stature gigantesque. Le tout est surmonté d'une croix grecque de pierre, dont le sommet sera à plus de 100 mètres du sol. On n'a rien construit de plus colossal depuis les Pyramides.

Cette débauche architecturale coûtera 12 millions, à réaliser par des souscriptions nationales et des loteries annuelles.

Les moyens mis en œuvre pour l'édifier sont intéressants. Un embranchement de voie ferrée a été dirigé jusqu'à la base du tertre, pour amener les cubes de calcaire dur, grisâtre, du soubassement, dont quelques-uns pèsent 40 000 kilogrammes. Un transporteur aérien va chercher dans une fabrique, à 20 kilomètres de là, la chaux et le ciment; sur toute la surface à bâtir, les échafaudages d'une hauteur vertigineuse, dans lesquels se meuvent des élévateurs électriques, opèrent l'ascension des matériaux. De loin, ils apparaissent comme un grand cube en filigrane haut de 100 mètres.

Au pied du monument, une vaste place ombragée d'arbres et un parc déjà achevé; une avenue de 50 mètres de largeur, longue de 4 kilomètres, orientée dans l'axe de l'orgueilleux beffroi de l'hôtel de ville, est projetée. La perspective ainsi créée entre ces deux édifices sera une imitation agrandie des Champs-Elysées, des Tuileries et de l'Etoile.

Pour faire pénétrer cette artère jusqu'au centre de la ville, on utilisera le *trou* formé par le déplacement prochain de la gare de Bavière et de ses voies d'approche qui seront transportées à la future gare centrale. Il a donc fallu aligner ensemble l'hôtel de ville, la gare de Bavière et le monument commémoratif. Cette considération a déterminé à 4 kilomètres, la distance, son emplacement et son orientation.

Voici l'énumération des monuments publics construits depuis vingt-cinq ans à Leipzig, avec leur coût relevé dans les pièces officielles :

1884. — La poste centrale et ses annexes, 2 millions 700 000 francs.

1887. — La Bourse, 1 600 000 francs.

1888. — Les Abattoirs, 480 000 francs; le Conservatoire de musique fréquenté par huit à neuf cents élèves, 950 000 francs.

1890. — L'Académie royale d'art et de dessin, 1 million 650 000 francs; l'Hôtel de la police municipale, 1 200 000 francs.

1891. — Les Halles d'approvisionnement, 4 millions 750 000 francs.

1895. — La Cour suprême de l'Empire, 7 millions 500 000 francs.

1896. — La Cour d'appel, 750 000 francs, le Tribunal de première instance, 900 000 francs.

1898. — Le Gewandthaus, somptueux temple de la grande musique, érigé par l'initiative privée, où l'on entend, deux fois par semaine, l'orchestre de Nikish, a coûté à ses fidèles la somme de 2 millions 700 000 francs; au fronton de ce sanctuaire, se lit cette grave devise: *Res severa verum Gaudium*[1].

1899. — L'Ecole supérieure de commerce, 700 000 fr.

1900. — La Bourse de la librairie, 2 millions.

1901. — L'Ecole municipale des arts manuels, 700 000 francs.

1902. — Le Palmen Garten et le Jardin zoologique, 1 400 000 francs, installations privées, subventionnées par la ville.

1902. — Le Gymnase royal, 1 million; la Bibliothèque de la ville, qui renferme cent vingt-cinq mille volumes, 1 200 000 francs.

De 1890 à 1903. — Onze églises pour les divers cultes.

1903. — La Banque de l'Empire, 650 000 francs.

1904. — L'Usine municipale du gaz, 3 millions.

1. C'est chose sérieuse qu'un plaisir véritable

1905. — Le nouvel Hôtel de ville, 8 600 000 francs.
1902 à 1905. — Trois théâtres ayant coûté au moins 1 200 000 francs.
1906. — Le *Volkshaus* (Bourse du travail), 1 400 000 fr.
1907. — La restauration de l'ancien Hôtel de ville, 650 000 francs.

1909-1910. — Les travaux de démolitions et de construction de la gare centrale, plus de 6 millions.

Il y faudrait ajouter encore une foule de bâtisses de moindre importance et un grand nombre de statues monumentales: à Bismarck, Mendelssohn, Sébastien Bach, etc.; des fontaines publiques dont l'une, produit d'un legs, le *Mendel Brunnen*, représente une somme de 240 000 francs.

Et le mouvement est loin de se ralentir, car, en ce moment même, on prépare une statue grandiose à Richard Wagner, né à Leipzig en mai 1813; de plus, on construit une annexe à l'Hôtel de ville, de 2 400 000 francs et un palais municipal d'exposition pour les marchandises de la foire, dont les dépenses, terrains compris, atteindront 1 600 000 francs; puis le cimetière Saint-Jean et son four crématoire, 800 000 francs.

Enfin, la future Gare Centrale, avec ses travaux d'approche commencés en 1902, absorbera 160 millions et sera de beaucoup la plus grande gare du monde. La ville participe à cette dépense pour 24 millions.

Sans doute, beaucoup de ces créations ne sont pas municipales; mais à l'aide de quelles ressources, cette ville de cinq cent mille habitants parvient-elle à couvrir les dépenses qui lui incombent sur ce formidable total?

Nous allons voir ce que tant de splendeur lui coûte. Le dernier budget municipal de Leipzig s'élève à 81 millions de francs. Un tel chiffre ne peut parler que si on le compare aux budgets d'autres villes d'importance semblable.

Prenons Lyon, dont la population de 500 000 habitants est à 10 p. 100 près celle de Leipzig; son budget annuel atteint 21 millions; il y aurait lieu toutefois, pour une comparaison équitable, d'y ajouter les recettes du gaz (municipal à Leipzig, société privée à Lyon), et le service des hôpitaux qui vit à Lyon de sa propre fortune; ces deux services représentent vraisemblablement une huitaine de millions; puis, de tenir compte de la différence de population, de 10 p. 100, soit 2 000 000 de francs à ajouter aux chiffres de Lyon. La deuxième ville de France atteindrait alors 30 à 31 millions, en regard de 62 millions de Leipzig! En réalité, un Lipsien paye 115 francs d'impôts municipaux, alors qu'un Lyonnais n'en paye que 45.

Les principaux articles de recettes sont :

L'impôt sur les revenus (part municipale), 15 000 000 fr. ; la taxe sur propriétés bâties, 3 500 000 fr. ; l'impôt municipal sur vente d'immeubles, 800 000 fr. ; le revenu des propriétés municipales, 4 400 000 fr. ; l'eau, l'électricité et le gaz, 12 000 000 fr. ; les abattoirs, 2 000 000 fr. ; droits de circulation, 2 000 000 fr. ; Gymnases et écoles payantes, etc., etc., 3 000 000 fr. Enfin une nouvelle taxe est en préparation sur la plus-value des terrains à bâtir.

Les plus grosses dépenses :

Les écoles publiques, 10 100 000 fr. ; l'assistance publique, 5 300 000 fr. ; l'entretien des monuments et parcs 600 000 fr. ; le service des incendies, 1 000 000 fr. ; les musées 350 000 fr. ; la police, 3 000 000 fr. ; intérêts et amortissement de la dette, 8 500 000 fr. ; frais de gaz, eau, électricité, 6 200 000 fr. ; entretien des rues et chaussées, etc., 2 100 000 fr.

On ne manquera pas de remarquer l'importance de la somme affectée aux écoles publiques.

Tous ces services sont concentrés dans le nouvel

Hôtel de ville (neues Rathaus) de 1905, celui de tous leurs monuments dont les habitants sont le plus fiers.

Il occupe, au sud de la vieille ville, l'emplacement d'une citadelle, dont le donjon a servi de base au beffroi actuel, tour de pierre qui s'élève à 115 mètres au-dessus du sol. Autour de ce beffroi, une masse polygonale dans le style de la Renaissance allemande, œuvre réussie de l'architecte Licht. L'édifice est isolé de façon à faire valoir, à tous les points de l'horizon, ses cinq façades, grisâtres, tourmentées, d'une très grande hauteur: on ne peut méconnaître l'aspect imposant et grandiose de cette conception.

A l'intérieur, passons sur les cours, les salons d'honneur, les salles de séances et de commissions, où le modern style s'en donne à cœur joie de se mêler à une Renaissance fantaisiste, et pénétrons dans les bureaux administratifs, au nombre de quatre cent quatre-vingts répartis sur cinq étages.

On s'y croirait dans un monastère à cloîtres superposés, d'une admirable tenue. Pour accéder à chacune des quatre cent quatre-vingts cellules où travaillent plus d'un millier de bénédictins laïcs, une porte vitrée étroite et basse; ainsi le veut le style Renaissance. L'illusion serait complète sans la présence, à chaque étage, d'un portier galonné et le fonctionnement incessant des ascenseurs, eux aussi, de style Renaissance.

Dernièrement, je me rendis là, désireux d'un renseignement assez compliqué. Le portier principal, le *Hauptportier*, m'écouta attentivement, manifesta un certain embarras, nulle malveillance, d'ailleurs, et se mit à consulter l'immense tableau mural où sont inscrits les noms de tous les services avec les numéros des bureaux qui les dirigent, puis il me dit:

— Montez par l'ascenseur n° 3, au quatrième étage, vous chercherez à gauche le bureau 354; ce n'est peut-être pas là que vous trouverez votre renseignement, mais on vous y indiquera le bureau exact.

Je prends l'ascenseur; un jeune boy y est proposé; il me conduit lui-même au numéro indiqué, au-dessous duquel on lit: *Entrez sans frapper.*

L'employé m'écoute avec sollicitude et, après réflexion, avoue que mon affaire n'est pas de son service, mais vraisemblablement de celui de son collègue X..., n° 287.

— Au reste, attendez, je vais m'en assurer.

Et il sonne au téléphone; X... répond aussitôt; c'est bien là qu'il faut s'adresser.

Je crains bien que ce téléphone, qui relie ensemble à l'aide d'un poste central, les quatre cent quatre-vingts bureaux du Rathaus de Leipzig ne fonctionne pas de sitôt dans nos administrations.

En quittant les bureaux, le visiteur étranger peut s'offrir la jouissance de descendre par le grand escalier d'honneur. Après avoir dit qu'il est en marbre sombre et d'une décoration sévère, je crois inutile d'ajouter que ses proportions sont colossales. Qui ne se rappelle l'impression que l'on éprouve à descendre seul un large escalier d'honneur; on se croit agrandi, on se tient droit, on s'imagine majestueux, on comprend Louis XIV. Ainsi, je me voyais, quand, au bas de la rampe, je tombai littéralement sur deux gros piliers qui barrent et terminent la cage monumentale de l'escalier. Il me semble qu'il y a là une faute architecturale bien caractérisée. Louis XIV aurait fait changer cela.

Les quatre cent quatre-vingts bureaux du nouveau Rathaus sont déjà insuffisants; la municipalité vient de faire construire, dans un terrain contigu, une annexe imposante dont le coût a été environ de 2 500 000 francs.

CHAPITRE VII

Leipzig *(suite)*

Les bibliothèques publiques. — 1 200 journaux et 2 600 associations. — Comment se rédige un journal. — La publicité. — Leipzig foyer de la librairie allemande. — Le mécanisme de la librairie. — La firme Karl Krause.

Un dicton assure que, lorsque deux Allemands se rencontrent en un point du globe, ils ne prennent pas de repos avant d'en avoir trouvé un troisième pour former une association.

A Leipzig, cet aphorisme ne ment pas: on y compte parfaitement enregistrées plus de deux mille six cents associations religieuses, philanthropiques, littéraires, politiques, artistiques, médicales, scientifiques, secourables, militaires, agricoles, ouvrières, etc., etc.; parmi lesquelles cent soixante et onze sociétés musicales!

Les réunions de ces sociétés, pour les hommes de toute condition, aussi bien que pour les femmes de la classe aisée, tiennent lieu de l'existence mondaine, absente.

L'intensité de vie intellectuelle qui anime cette population est extraordinaire; elle se manifeste par une infinité de réunions et de conférences. Rien de plus facile que de trouver une salle de séance; il y en a partout; le plus surprenant, c'est qu'on trouve même des auditeurs.

Il me souvient d'avoir rencontré, dans une grande ville du Rhin, un brave jeune Français, assez instruit, mais sans ressources et ne sachant pas un mot d'allemand. C'était vers la fin de 1906. Pour gagner sa vie, il avait imaginé de faire une série de conférences en français sur le *féminisme*. Inconnu et ne connaissant personne, il était allé trouver notre consul pour lui demander la liste des principales familles de la ville et leur avait adressé d'office des billets à 1 mark la place. Heureuse idée! Un nombre respectable d'auditeurs vinrent l'écouter. Il n'hésita pas à continuer et entrevit presque la fortune à parcourir ainsi l'Allemagne. J'ignore s'il l'a réalisée.

L'Allemand de n'importe quelle condition est, à un plus haut degré que tout autre peuple, possédé de la passion de s'instruire. C'est un liseur acharné, qui ne lit pas par amusement, mais pour amasser des connaissances. Bibliothèques, collections ethnographiques, musées industriels, jardins zoologiques ou botaniques, tout lui est matière à enseignement.

Leipzig renferme les plus riches collections de livres du monde: la bibliothèque de l'Université contient 550 000 volumes, celle de la ville, 125 000. La bibliothèque ethnographique, 12 000 livres; celle du Tribunal suprême, 110 000 ouvrages de droit ou de philosophie, d'histoire et de politique, que les hommes de loi peuvent consulter dans l'absolue tranquillité de deux cent soixante-dix cabinets séparés. La bibliothèque de la Bourse est riche de 35 000 ouvrages. Le Syndicat des libraires possède 27 000 livres, 30 000 catalogues et 50 000 pièces imprimées diverses. Le Musée des imprimeurs a 14 000 volumes. La Société historique de Leipzig, 56 000 ouvrages d'histoire et d'archéologie. La bibliothèque du Musée artistique contient 37 000 gravures ou dessins. A la collection centrale d'instruction publique sont réunies 150 000 pièces de pédagogie. Les Syndicats ouvriers (*Volkshaus*) ont à leur siège social 6 500 volumes. Il y a, en plus, 10 bibliothèques ou cabinets de lecture populaires publics.

Mais ce qui est vraiment incroyable, c'est le nombre des journaux et périodiques : il s'élève, à Leipzig, a plus de 1 200 !

Aussi, ne sera-t-on pas surpris de la quantité de gazettes et de revues que l'on peut lire dans les cafés. Dans la majorité de ces établissements, on trouve quelque cinquante à cent journaux politiques et illustrés ; mais certains cafés spéciaux sont particulièrement aménagés pour la lecture. Le mieux organisé est auprès de la grande église Saint-Thomas, église célèbre par sa chorale, que Sébastien Bach dirigea pendant trente-deux ans, et qui se recrute par une sélection assidue des meilleures voix enfantines de toute la Saxe ; les enfants ainsi choisis sont entretenus et instruits aux frais de la maîtrise et forment le chœur de musique religieuse le plus merveilleux qu'il soit donné d'entendre.

Donc, près de l'église Saint-Thomas, s'ouvre un café où l'on peut lire à loisir 450 journaux de tous pays et consulter plus de 200 *Bottins* des grandes villes du monde. Là, ni orchestre, ni jeux, ni causeries ; le bruissement des feuillets que l'on tourne, et le pas caoutchouté des servants qui apportent de la bière troublent seuls le silence. Les feuilles publiques, encartées dans une chemise à leur en-tête, emmanchées dans un bâton à tringle d'acier, sont suspendues à des crochets sur un long panneau mural qui porte les noms des pays d'origine. Chacun peut se servir. L'on voit ainsi les consommateurs gagner leur place, chargés de liasses de journaux. Et malheur aux profanes qui penseraient venir bavarder à haute voix dans ce sanctuaire ! Ces gens-là trouvent plaisir à lire, mais ne visent pas pour s'amuser. C'est le cas de répéter: *Res severa verum Gaudium.*

Un grand journal politique allemand ne se laisse pas lire en trois minutes, car sa substance est délayée sur trente à soixante pages bien pleines. Par bonheur, ce copieux menu littéraire est présenté avec ordre et l'on trouve, en un clin d'œil, ce que l'on cherche.

En voici un exemple: le *Tagblatt de Leipzig*, journal national-libéral du matin.

La première page tout entière est consacrée aux *leaders-articles* sur l'Empire, la Saxe, la politique générale. Puis viennent les dépêches politiques, généralement accompagnées d'une explication, d'un commentaire, d'une notice historique ou géographique, qui les rendent intelligibles. Après les dépêches, les documents et nouvelles administratifs, nombreux et détaillés; puis, les correspondances étrangères postales ou télégraphiques; enfin, les dépêches de dernière heure, provenant des agences ou des correspondants: ces deux sources, toujours nettement indiquées. Ce qui précède remplit, en général, quatre pages. Suivent les théâtres, concerts, conférences et articles commerciaux importants. La chronique locale, qui embrasse non seulement les faits accidentels, mais toutes les questions intéressant la cité et ses habitants, occupe le plus souvent deux pages. Après elle, la chronique des environs, du royaume, des régions limitrophes de la Saxe. Plusieurs colonnes de sports. A la suite, la physionomie et les échos des Chambres et des parlements impériaux et royaux; les nouvelles judiciaires; des correspondances, des nouvelles et des renseignements de tous les pays du monde; un feuilleton littéraire, artistique, philologique ou scientifique; un roman; une page à l'usage des dames sur des questions de toilette, de ménage, d'éducation infantile, d'hygiène; une nouvelle quotidienne ou variété.

Tel est le journal à proprement parler; toujours composé suivant ce principe que le nombre de pages est variable et non déterminé à l'avance; il peut être de dix, douze, seize pages, suivant la copie.

Dans ce même numéro est incluse une feuille de quatre pages, le *Tagblatt commercial*, ne contenant absolument que des nouvelles, appréciations, documents commerciaux, financiers, industriels, dont un *leader-article*; puis les dépêches de Bourse, de banques et de change; les textiles, les mines, la métallurgie; les comptes rendus des sociétés et assurances; les importations et exportations, prix de transports, faillites, cours des marchandises et des valeurs mobilières sur tous les grands marchés du monde, dont une page entière pour Leipzig et Berlin.

Enfin, les annonces, dont les interminables colonnes se suivent en nombre chaque jour variable (on peut en compter jusqu'à cinquante pages). On a peine à concevoir l'importance de la publicité dans ce pays; il n'est pas un homme, produisant ou vendant quelque chose ou exerçant une profession qui le met en contact avec le public, qui ne donne des annonces aux journaux. Cette publicité les alourdit, mais les fait prospérer. On m'a montré tel numéro du *Leipziger neueste Nachrichten*, qui représente 18 000 francs d'annonces.

Comme ces annonces sont méticuleusement groupées par catégories, on les lit aisément; aussi, tout le monde y a recours pour se procurer qui une place, qui un objet, qui une adresse, etc., etc. Quand on demande à un Allemand un renseignement qu'il ne peut vous fournir, son premier conseil est toujours: « Mettez une annonce dans un journal, vous

Achèvement d'un étambot chez Hanie et Lueg. *(Cliché Haniel et Lueg.)*

aurez une réponse le surlendemain. » Ce n'est pas par unités, c'est généralement par douzaines que les réponses se précipitent vers vous.

Et si, maintenant, on veut mon opinion, non sur les dépêches et les annonces, mais sur la *copie* des journaux germaniques, je répondrai qu'un écrivain français, de talent ordinaire, trouverait moyen de dire en vingt-cinq lignes ce qu'un courriériste allemand délaye en une colonne.

De la presse à la librairie, il n'y a qu'un pas. Aussi bien les grands journaux sont dans le même quartier que les grands libraires.

La production littéraire allemande était de 23 861 ouvrages en 1897; 25 531 en 1901; 30 718 en 1907; 32 000 en 1910.

On ne lira pas sans intérêt la comparaison de cette production avec celle des principaux pays: l'Angleterre se présente, en 1908, avec 9 000 œuvres; les Etats-Unis (1907), 9 000; la France, 16 000; la Belgique, 2 500; le Danemark (1906), 2 000; l'Italie (1905), 5 500. Seul, des pays européens, la Russie n'avait, jusqu'en 1907, ni statistique de livres, ni bulletins bibliographiques.

Toute la bibliographie allemande est tenue à jour par une publication quotidienne qui s'imprime à Leipzig: le *Bœrsenblatt für den deutschen Buchhandel.* Ces quotidiens sont groupés, semaine par semaine, en un fascicule hebdomadaire, puis en volume mensuel. Enfin, ces volumes remaniés et réunis forment le catalogue quinquennal *Hinrichs.* Une firme concurrente a publié un *Lexique général des livres*, depuis 1740 jusqu'à 1892.

Les publications musicales ont aussi leur répertoire mensuel, édité par Hoffmeister, à Leipzig. Enfin, le Syndicat des libraires allemands édite la liste mensuelle des gravures.

Leipzig est le centre incontesté de la librairie; quelques foyers secondaires se montrent à Berlin, Stuttgard, Munich, et dans quelques villes universitaires, mais, comparées à Leipzig, ces villes ne jouent qu'un rôle absolument restreint. On compte, en pays de langue allemande, 12 009 libraires, sur lesquels 10 674 sont représentés à Leipzig; 639, à Stuttgard; 204, à Berlin.

Cette situation a été acquise et se maintient sans faiblir, grâce à la concentration de l'outillage industriel, de la direction et de la main-d'œuvre compétentes et surtout de l'organisation commerciale.

Commercialement, le mécanisme repose sur quatre professions distinctes: l'éditeur, l'imprimeur, le commissionnaire, le libraire.

L'éditeur est ou n'est pas lui-même imprimeur; les grandes maisons de Leipzig ont leurs imprimeries propres. Ces éditeurs sont très spécialisés: chacun ne s'occupe que d'un compartiment restreint des connaissances humaines: sciences, romans, pédagogie, musique, livres en diverses langues étrangères, papiers de commerce, titres et billets de banque pour pays, etc., etc.

Les imprimeries sont nombreuses et également spécialisées, et leur outillage est remarquable.

Mais l'âme du commerce littéraire de Leipzig, c'est le commissionnaire, intermédiaire presque obligé entre l'éditeur et les libraires de tous pays, ses commettants.

Les firmes de commission ont toutes un magasin, quelques-unes d'une importance considérable. La maison Volkmar occupe un grand immeuble tout neuf qui cumule les aspects d'un ministère et d'une gare de marchandises. Plus de quatre cents employés des deux sexes y travaillent.

Le commissionnaire centralise chez lui et expédie

les livres, qu'il tient de l'éditeur, à ses commettants, dont il est en même temps le banquier. Le règlement de leurs comptes se fait traditionnellement pendant la foire du printemps. Sans le crédit en blanc fait par le commissionnaire, la plupart des petits libraires ne pourraient subsister.

Les gros commissionnaires ont, en outre, dans leurs magasins, des collections d'ouvrages dont ils se sont rendus dépositaires (assortiments) et qu'ils ne vendent qu'aux seuls libraires, à l'aide de catalogues imprimés qu'ils leur envoient régulièrement.

Quelques chiffres donneront un aperçu de l'importance de certaines maisons de commission. Le dernier catalogue d'assortiment de Volkmar compte 1 300 pages et il l'a envoyé gratuitement à 27 000 libraires. D'autres commissionnaires fractionnent leurs catalogues en spécialités. Une seule maison distribue ainsi 25 catalogues différents, ce qui représente 900 000 exemplaires parsemés dans le monde et elle publie, en outre, 2 périodiques qui forment un envoi annuel de 200 000 numéros.

A côté des maisons de commission et d'assortiment, il existe, à Leipzig, des agences de livres, journaux et périodiques en gros. Enfin, d'autres firmes s'occupent de l'importation et de l'exportation en gros, des œuvres en langue étrangère.

Comme conséquence d'une organisation aussi puissante, il ressort que tout éditeur, de n'importe quel pays de langue allemande, se trouve amené à envoyer ses livres franco à Leipzig, chez un commissionnaire de son choix, et que tout commerçant allemand, s'occupant de livres, doit s'y faire représenter de même et y renvoyer franco ses invendus.

Les commissionnaires expédient à leurs commettants, non seulement les ouvrages qui leur sont demandés, mais encore, d'office, une quantité de livres, dont les retours où les règlements ont également lieu chaque année, au moment de la foire de printemps.

Deux monuments magnifiques contigus, inaugurés en 1900, servent de lieux de réunion à tous ceux qui s'occupent de l'industrie et du commerce du livre. Ce sont : au point de vue technique, le *Buchgewerbehaus* (Musée des industries du livre), propriété de la Société allemande de l'industrie du livre; il s'y trouve une exposition permanente de machines à imprimer, graver et relier, et de clichés, gravures, ouvrages artistiques; et, en plus, un musée bibliographique contenant la collection de la cour royale de Saxe, une bibliothèque et des salons de lecture; au point de vue commercial, le *Buchhandlerhaus* (Cercle de la librairie) appartenant à la Société de librairie de Leipzig (Bœrsenverein). Là se tiennent les réunions de cette Société, se règlent les comptes et s'assure l'exécution des affaires courantes; il s'y trouve aussi le *Bestellanstalt* ou service de distributions des bulletins de librairie, l'*Ecole des apprentis en librairie* et l'imprimerie de la Société des libraires (Bœrsenblatt fur den Deutschen Buchhandel).

Voici comment fonctionne le service matériel des expéditions. Un libraire d'une ville quelconque envoie, jour par jour, ses commandes à son commissionnaire de Leipzig; celui-ci se met en contact chaque jour au *Bestellanstalt* avec les commissionnaires des éditeurs; ces derniers, rentrés chez eux, expédient au commissionnaire du libraire les ouvrages demandés, accompagnés des factures. Si, exceptionnellement, le commissionnaire a reçu commande de livres non déposés à Leipzig, l'éditeur lointain de ces livres, avisé par son commissionnaire, devra les envoyer non au destinataire, mais au commissionnaire de celui-ci, à Leipzig.

Pratiquement, c'est le *Bestellanstalt* qui se charge

de faire parvenir au commissionnaire du destinataire les bulletins, circulaires et factures que les commissionnaires des éditeurs reçoivent de ceux-ci pour être distribués. Son organisation est analogue à celle d'un bureau de poste. De plus, il est à la tête d'un service de règlements de comptes, de compensations et de liquidation entre tous les commissionnaires de Leipzig; il agit comme un *clearinghouse*.

Le commissionnaire du libraire étranger, une fois en possession de tous les livres demandés, en fait un colis unique, y ajoute, s'il lui plaît, des envois d'office et l'expédie isolé, ou bien, si ce colis est à destination d'une très grande ville, le remet à un fourgon de librairie, mode de transport par groupements réguliers, à prix réduit et à grande vitesse, entre Leipzig et les principales villes allemandes. Chaque semaine, vingt et un fourgons de librairie partent de Leipzig. Les administrations de chemins de fer font des réductions aux livres comme à une denrée de première nécessité.

Cette organisation d'ensemble paraît compliquée, compliquée surtout à exposer, car à la voir fonctionner on la reconnaît pratique et surtout économique pour les libraires. En effet, un libraire éloigné, qui a besoin de quatre-vingts ouvrages publiés par trente-cinq éditeurs différents, n'a qu'une seule lettre, contenant leurs titres, à adresser à son commissionnaire à Leipzig et dans la même semaine il recevra, groupés, les quatre-vingts livres moyennant un port insignifiant.

Ce contact de tous les jours, entre les agents commerciaux d'une grande industrie, a bien d'autres avantages. Pour n'en citer qu'un: si un libraire de Mexico ou de Vladivostock a laissé revenir une traite ou n'a pas réglé ses comptes à la foire de printemps, il n'est pas un homme s'occupant de librairie à Leipzig qui puisse l'ignorer. L'industrie et le commerce de la librairie à Leipzig donnent lieu, sans compter les industries annexes, à un mouvement d'affaires annuel de 150 à 180 millions de francs, et font vivre assez largement les nombreux artisans qui y coopèrent, car leur salaire moyen dépasse 2000 francs.

On pourrait encore rattacher à la librairie, quelques publications utiles au commerce dont Leipzig a la spécialité, sinon le monopole.

Il s'agit d'agences, d'une surtout, qui édite un catalogue contenant l'énumération non seulement de toutes les professions, mais encore des groupements les plus imprévus et les moins accessibles aux investigations, et dans la plupart des parties du monde. L'énoncé de ces professions et groupements, tenu à jour, année par année, couvre cent cinquante pages.

Voulez-vous savoir combien il y a d'architectes dans les pays civilisés? le catalogue répond 25000 et vous prévient que moyennant 150 marks, il vous sera envoyé 25000 fiches portant leurs noms et leurs adresses.

Tenez-vous à connaître le nombre, les noms et la demeure des dames catholiques de Hambourg? pour 25 marks vous serez renseigné.

Etes-vous fabricant d'objets de piété, d'ornements d'église ou d'étoffes de bure? vous aurez certainement intérêt à apprendre qu'il y a en Espagne 890 couvents et que moyennant 20 marks on vous en enverra la liste, avec le nom et la résidence de leurs supérieurs.

Parmi les industries qui se rattachent à celle du livre, il m'a été donné de visiter l'usine de la firme Carl Krause, dont la spécialité est la construction des machines à travailler le papier, coupage, estompage, chromolithographie, etc. Fondée en 1855, elle est restée aux mains des héritiers de Carl Krause; détruite aux trois quarts par un incendie en 1903, ils l'ont reconstruite et pourvue d'un matériel absolument moderne.

Elle vendait, en 1855, 22 machines; en 1875, 914; en 1895, 3 315; en 1907, 6 050; l'année dernière, près de 8 000.

Près de 50 brevets protègent les fabrications. Le chiffre des ouvriers dépasse 1 300. Elle emploie 32 techniciens, 24 dessinateurs, 76 employés.

Cette usine a un *service téléphonique intérieur*, assuré par 2 agents, qui se compose d'un poste central, relié à celui de la ville, où correspondent quatre-vingt-deux appareils placés sur le bureau de chaque employé ou contremaître, de façon qu'un quelconque d'entre eux peut communiquer, sans se déranger, soit avec tous ses collègues, soit avec la ville, soit avec les localités éloignées.

Un *atelier de dessins*, où une vingtaine de dessinateurs travaillent, non sur des tables, mais sur des chevalets inclinés: les planches à dessin (quelques-unes ont jusqu'à 6 mètres carrés) sont mobiles de haut en bas sur le chevalet, grâce à une manivelle à la portée du dessinateur; mobile aussi de la même façon, la règle horizontale, le T, et sur ce T formant tablette, le dessinateur pose ses instruments; si bien qu'il peut travailler à la hauteur qui lui convient, assis ou debout, le corps hygiéniquement droit et non courbé en deux sur une table. Le soir, l'éclairage lui est fourni par une lampe électrique à réflecteur, fixée au bout de multiples genouillères qu'il peut caler dans tous les points de l'espace. Après quelques jours d'habitude, les dessinateurs trouvent cette disposition supérieure à toute autre. Ces chevalets, presque verticaux, occupent beaucoup moins de place que des tables, et peuvent recevoir des dessins de toutes dimensions.

Un *laboratoire de chimie*, où travaillent deux chimistes uniquement occupés au contrôle des métaux et autres matières premières.

A la suite d'un incendie, en 1903, qui a détruit une quantité de modèles et d'archives, on a été amené à construire une tourelle à trois étages, complètement blindée, avec garnitures ininflammables, dont les portes à secret s'ouvrent sur une baie correspondant à chaque étage du bâtiment des bureaux. Cette maison-coffre-fort forme ainsi trois compartiments superposés de 12 mètres carrés chacun, où sont rangés les valeurs, livres, dessins, modèles précieux, etc. Un mécanisme ouvre, en même temps que la porte, une fenêtre également blindée, qui éclaire le visiteur tout le temps que la porte reste béante et qui se referme avec elle. Un corps de quarante-cinq pompiers, pris parmi les ouvriers et munis des appareils les plus perfectionnés, sont exercés à lutter contre le feu.

Le *hall des machines-outils*, d'une surface de 6 000 à 8 000 mètres, renferme neuf cents machines-outils, quelques-unes de dimensions énormes. Au centre de cet atelier, qui forme un carré, se dresse une haute guérite vitrée, d'une quarantaine de mètres carrés; le premier étage de ce poste de vigie est le bureau des contremaîtres; la vue y domine tout l'atelier.

L'*atelier du travail des bois*, long de 60 mètres, large de 15 mètres; chaque outil, scie, rabot, perceuse à bois, etc., est pourvu d'un carter métallique et d'un tube qui attire tous les débris ligneux vers une conduite centrale où un ventilateur aspirant, de 12 chevaux les entraîne dans un cyclone, appareil qui les sépare de l'air qui les a transportés. On ne trouverait pas dans cet atelier une pincée de sciure

(*Cliché Karl Krause.*)

L'atelier des dessinateurs, chez Karl Krause, à Leipzig.

de bois. C'est un des exemples de la lutte partout entreprise contre les poussières.

Aux *chaudières à vapeur*, toutes les opérations: déchargement des wagons, chargement des foyers, manœuvre des registres, brassage du feu, évacuation des mâchefers se font à l'aide de leviers réunis sous la main du chauffeur; c'est l'installation la plus perfectionnée que j'aie jamais vue.

A l'entrée de chaque atelier est une horloge munie d'un mécanisme qui permet de contrôler l'heure d'entrée et de sortie de chaque ouvrier. L'homme qui entre reçoit une fiche de carton portant son nom, il la présente par une fente au mécanisme en question, qui composte sur la fiche l'heure indiquée par l'horloge; même opération à la sortie. C'est d'après ces fiches que sont établies les feuilles de paye.

Une buvette où un cantinier vend de la viande froide, du fromage, de la bière, du café, du tabac, est, du matin au soir, librement ouverte à tous les ouvriers; cette liberté absolue laissée au personnel de se restaurer à toute heure, offre beaucoup moins de perte de temps que la restauration à heure fixe par groupes.

Les soins médicaux immédiats sont donnés dans une infirmerie tenue par un infirmier diplômé, qui dispose d'une pharmacie, d'un lit de malade et d'une civière; les appareils de préparation des médicaments y sont à chauffage électrique. Tout à côté se trouvent les salles de bains et de douches gratuits, et une piscine d'eau chaude courante de 80 mètres carrés. Les ouvriers disposent d'une bibliothèque. Dans un terrain contigu aux bâtiments est un parc de jeux et de gymnastique pour les enfants et jeunes ouvriers.

Leipzig *(suite)*

Parcs à jeux. — Les jardins Schreber. — La maison du peuple (Volkshaus). — *Réconfort et récréation. — La propagande par l'attraction. — Les foires de Leipzig. — Exposition et mascarade. — Leipzig centre du commerce des fourrures. — Le* Brühl *et ses habitants.*

La ville de Leipzig est particulièrement bien dotée d'ombrages, de parcs et de squares, elle possède, en outre, sur une trentaine de points différents, des jardins ouvriers, fondation du *docteur Schreber.*

Le docteur Schreber fut un philanthrope de Leipzig, qui décéda en 1861. Le premier, il eut l'idée de gratifier les gens du peuple de jardinets où ils pussent venir se récréer les jours de repos.

Sa pensée, depuis lui, a été largement développée et les associations philanthropiques se sont multipliées qui, sous son nom, ont acquis des terrains pour les louer par parcelles, à un prix très minime, aux ouvriers de Leipzig. On en rencontre un peu partout en des points, autrefois faubourgs, maintenant quartiers de la ville. Certains couvrent plusieurs hectares, d'autres quelques milliers seulement de mètres carrés.

A chaque modeste locataire de ces enclos, on ne cède qu'une toute petite surface, moyennant 60 centimes par mètre carré et par an. Il en faut pour tous ceux qui en désirent. L'occupant l'aménage à son gré; son premier soin est de se clore à l'aide de tout ce qui lui tombe sous la main. Puis, les uns y font pousser des légumes, d'autres cultivent des fleurs, certains s'y bâtissent des baraques avec des matériaux de démolitions. L'ensemble, plus pittoresque qu'esthétique, ressemble à des campements de romanichels.

Cependant, on a ménagé, dans la plupart de ces lotissements, un espace libre pour les jeux, constamment ouvert aux enfants des locataires et où le dimanche se donnent des réunions bruyantes et des matchs variés.

De Leipzig, les créations de jardins ouvriers ont gagné d'autres villes. A Berlin, on les a propagées sous une forme plus générale. Les entrepreneurs, sociétés de construction ou propriétaires de terrains à bâtir, les distribuent en parcelles, en attendant le moment de construire, et les louent à de petites gens. Conception philanthropique en même temps que lucrative.

Une institution différente s'est encore fondée, tout récemment, à Leipzig, sous le nom de *colonies Schreber*. Il s'agit d'une société immobilière dont le but est de procurer des habitations à bon marché, saines, confortables, coquettes même, à la classe ouvrière.

Toutes les grandes villes allemandes possèdent des organisations ouvrières d'une activité remuante, dont les ressources sont employées partie à la lutte contre le capitalisme, partie à l'aide mutuelle des prolétaires entre eux.

Nous touchons là, comme on le voit, à la question sociale; mais je ne veux envisager que le côté philanthropique de ces associations.

Le *Volkshaus*, — nous dirions, en français, le siège

des syndicats ouvriers, — de Leipzig est de construction récente; il date de 1906.

Sur une des plus grandes rues de la ville, la Zeitzerstrasse, s'élève un monument en belles pierres de taille, de style très moderne et d'aspect confortable, le Volkshaus. Il a 47 mètres de façade; le terrain sur lequel il est bâti mesure 5 740 mètres carrés et a coûté 700 000 francs. Cette somme ne fut pas payée comptant, mais sera amortie par les cotisations des membres syndiqués, des subventions des divers syndicats et des dons.

Une partie des constructions qui couvraient le sol avant l'acquisition, ont été démolies, pour faire place à l'édifice actuel; seule, une grande salle de bal, la *Tivolisaal*, qui existait sur l'arrière, a été conservée, ainsi que le jardin qui l'entoure, pour les réunions syndicales et les fêtes fréquentes qu'y donnent les corporations ouvrières. Prochainement, elle sera restaurée et mise au goût du jour.

L'édifice principal a été construit sur les plans d'un architecte, mais par les ouvriers syndiqués, sans l'aide d'aucun entrepreneur. La dépense totale, terrains, bâtiments, aménagements, décoration, s'élève à 1 300 000 francs.

Au rez-de-chaussée, un grand porche donne accès à un vestibule et à un escalier de pierre de belle venue; certains ministères bourgeois lui porteraient envie. A droite est le magasin d'une coopérative ouvrière; à gauche, un restaurant très propre, correctement servi par des garçons en complets de toile blanche immaculée. Ce restaurant, ouvert au public, offre, à des prix modiques, un menu très présentable. La cuisine y est ni plus ni moins bonne que dans les établissements moyens de la ville. On s'y restaure honnêtement pour 1 franc, boisson non comprise.

Le café est au premier étage; il n'est ouvert qu'à partir de midi. Trois fois par semaine, il y a concert jusqu'à la fermeture.

A ce même étage, sont les salles ordinaires de réunions et les secrétariats des syndicats. Partout règne un ordre, une tenue et un décorum qui surprendraient les membres de nos bourses du travail.

Pour obtenir de visiter l'établissement, il suffit de s'adresser au secrétariat. On trouve là des bureaux bien ordonnés, auxquels sont assis des hommes en tenue correcte, graves et polis, et, auprès d'eux, des dactylographes. Ils semblent flattés de faire visiter, je dirais volontiers, leur palais, et me remettent des notices imprimées avec luxe et illustrées de photogravures, ainsi que les bilans annuels de leur exploitation. L'un des secrétaires s'offre à m'accompagner dans les parties non ouvertes à tout venant.

Nous voyons successivement les bureaux des divers syndicats, où chaque adhérent a sa fiche personnelle, son état civil et la date de son admission; le nombre total des ouvriers ou ouvrières affiliés, s'élève à 55 000, tous de Leipzig ou des environs. Les hommes payent 65 pfennigs (80 centimes) par semaine, les femmes et les apprentis 25 pfennigs (31 centimes), ce qui représente un budget annuel d'environ 200 000 francs.

Puis, montant aux étages supérieurs, nous pénétrons dans l'auberge des ouvriers sans travail, desservie par un escalier particulier. Là se trouvent quatre-vingt-douze lits d'une propreté parfaite et, moyennant 50 pfennigs (62 centimes), ils ont le gîte, le café du matin et un bain gratuit ou une douche.

Un peu plus loin, un dortoir de dix lits, pour les ouvriers de passage. Ces derniers, en arrivant, doivent prendre un bain de propreté et subissent un examen de santé superficiel; s'il paraît nécessaire, leurs vêtements sont passés dans une étuve de désinfection.

Dans chaque dortoir, une sonnerie communique avec l'infirmerie. Des water-closets irréprochables et une salle garnie de lavabos à eau chaude et froide complètent cet étage.

A un étage intermédiaire se trouve un réfectoire à la portion, pour les sans-travail, et, au rez-de-chaussée, une grande salle commune où se tiennent ces pauvres gens. Ils sont nombreux, parlent peu, lisent ou jouent aux cartes dans une attitude silencieuse et décente : leurs figures, quoique tristes, n'ont pas cette apparence minable des miséreux faméliques qui rasent les murs dans les rues de Londres. Tant qu'ils peuvent séjourner là, ils se trouvent relativement bien. Tout l'immeuble est aéré mécaniquement, éclairé à l'électricité, chauffé à la vapeur; nous sommes en hiver, un thermomètre dans chaque pièce marque les 18 degrés traditionnels. Aucune mauvaise odeur nulle part.

Soixante-seize personnes sont affectées au service de l'établissement.

Nous pénétrons enfin dans la bibliothèque; le préposé m'offre, en même temps que des explications spontanées, le catalogue (imprimé) des six mille cinq cents livres qu'elle contient. Imbu de la vérité du proverbe: « Dis-moi ce que tu lis je te dirai qui tu es », j'ai feuilleté avec curiosité cette brochure de cent cinquante pages, pour voir quels ouvrages elle mentionne. Au verso de la première page se trouvent, en guise d'avertissement, les *sept préceptes au lecteur*, avec cette interrogation: Que doit-on lire?

1o Lis seulement si ton travail n'en doit pas souffrir, et ne lis pas trop longtemps, tu te fatiguerais et deviendrais l'ennemi des livres;

2o Ne lis que de bons livres, car le temps est précieux;

3° Ne lis que ce qui est proportionné à ton âge et à ton intelligence;

4° Lis seulement des livres qui te puissent élever l'intelligence et lis-les plusieurs fois;

5° Ne lis pas toujours des romans; avant tout apprends à connaître nos classiques et aussi les livres instructifs;

6° Lis toujours attentivement et lentement;

7° Tiens toujours les livres propres; évite de poser les doigts sur les feuillets.

Ces livres sont divisés en plusieurs catégories:

Les ouvrages de littérature pure, allemande et étrangère, ouvrages d'art, d'instruction, de sociologie, de droit, de politique, de technologie, de religion, de philosophie, de voyages, de sciences naturelles, de biographies et d'histoire. Enfin, les journaux, illustrations et gravures.

Je recherche quels sont les auteurs français (traduits naturellement) qui y figurent. Je trouve A. Belot, Barbey d'Aurevilly, A. Daudet, Diderot, Dumas père, Erckmann-Chatrian, V. Hugo (surtout ses œuvres politiques), Maupassant, Murger, J.-J. Rousseau, Jules Verne et toute la série des Zola dont la *Débâcle* à plusieurs exemplaires! Parmi les étrangers, ce sont les Maxime Gorki qui tiennent le record. La bibliothèque est ouverte tous les soirs; de plus, tout membre des syndicats peut emporter un livre et le garder deux semaines, moyennant un cautionnement de 50 pfennigs.

Dans les colonnes d'un bilan que j'eus sous les yeux, je relevai que, dans l'année 1907, il avait été vendu pour 210 000 francs de bières diverses et seulement 2 700 francs de liqueurs et eaux-de-vie, 14 500 francs de tabac et que les danses, pour chacune desquelles on paye une petite obole, ont rapporté net 23 000 francs.

Evidemment, une pareille organisation, puisqu'elle

n'est pas soldée, est une lourde charge pour la Social-démocratie de Leipzig; mais, socialistes ou non, les Allemands d'aujourd'hui sont tous les mêmes. Leur précepte est : qui n'expose rien n'a rien. La dépense, dans leur esprit, est destinée à appeler l'argent et l'influence. En offrant à leurs partisans de l'agrément, du confortable et des récréations intellectuelles, ils font de la propagande par l'attraction, apparemment la meilleure.

La visite terminée, j'invite mon guide si obligeant à déjeuner au restaurant public; bientôt, sa légitime épouse, qui travaille aussi dans la maison, vient le rejoindre et voilà comment je me trouve avoir subventionné de près de 2 marks le socialisme auquel je suis un irréductible opposant. Ce qui ne n'empêche point de féliciter ces adversaires de leur belle organisation et de les remercier ici de leur parfaite courtoisie.

La vieille foire historique de Leipzig a retrouvé une jeunesse nouvelle dans ces dernières années; on en a la mesure par le nombre des étrangers qui fréquentent la ville: 115 000, en 1876; 260 000, en 1896; 310 000, en 1909, et par celui des exposants, lequel dépasse 3 500 à chacune des deux grandes foires d'avril et de septembre, qui durent vingt jours. Il y a, en outre, à la Noël et en été, deux foires beaucoup moins importantes.

A ces dates, on voit arriver par milliers des marchands de tous pays, de toutes langues, de tous costumes, porteurs d'échantillons ou de marchandises diverses; ils les viennent exhiber dans des magasins que leur louent très cher, pour la durée de la foire, négociants et boutiquiers de la ville. La ville elle-même possède aussi de grands immeubles

Le nouvel hôtel de ville de Leipzig. *(Cliché Rommler et Jonas.)*

exclusivement affectés à cet objet et fermés le reste de l'année. Elle a en outre achevé en 1910 un véritable palais, construit au lieu et place d'un quartier démoli, afin d'y exposer des marchandises foraines; elle y a dépensé 1 600 000 francs.

Aux anciens articles de Nuremberg, de la Thuringe et de la Forêt-Noire, tels que céramique, jouets, bimbeloterie, buffleteries, images, instruments de musique, horlogerie, objets de bois sculpté, verrerie, cristaux, qui formaient le fond annuel des foires d'antan, sont venus s'ajouter quantité d'objets nouveaux: appareils d'éclairage, bibelots de cuivre, bronze, nickel, aluminium, caoutchouc, émail, celluloïd, articles de toilette et de sport, parfumerie, chirurgie, hygiène, optique, machines à écrire, phonographes, cinématographes, électrotechnique.

Tout le centre de la ville est ainsi transformé, deux fois par an, en exposition internationale de camelote sans grande valeur, attirant des foules compactes et une extraordinaire animation. La réclame surtout prend des proportions homériques et grotesques. A toutes les fenêtres, pendent oriflammes, drapeaux, inscriptions, affiches; des processions interminables et perpétuelles, véritables mascarades d'hommes-sandwichs, de porte-bannière, de monstruosités de carton figurant des objets de tout acabit, des voitures chargées d'échantillons sillonnent la ville. Tout se heurte là de ce que des imaginations en délire peuvent imposer aux yeux de bizarre et de truculent.

Le commerce des fourrures a un lien très étroit avec la foire qui, vraisemblablement, lui a donné naissance. Les marchands de peaux et fourrures de Leipzig, au nombre de plusieurs centaines, sont cantonnés dans une grande et vieille rue, le Brühl, aux maisons vastes, enfumées, caractéristiques, que, les unes après les autres, on démolit pour les remplacer par des immeubles modern style. Les lieux d'origine de ces fourrures, somptueuses ou communes, sont la Sibérie, le Canada, les Etats-Unis, la Chine, la Boukarie. On y trouve aussi bien des peaux de lapins à 1 franc pièce, que des zibelines à 400 francs, des renards bleus à 600 francs et des renards noirs à 3 000 francs la peau. Les marchands de Leipzig vont s'approvisionner à Nijni-Novgorod, à Moscou et surtout à Londres, où le plus grand nombre des peaux arrive à ordre sur acomptes payés par des banquiers anglais. Ces marchands les rapportent à Leipzig où ils les classent, les échangent entre eux, les étendent, les dressent, les coupent; puis les envoient, la plupart, à la teinture.

Cette teinture s'exécute le plus souvent à Paris, quelquefois à Londres ou à Chemnitz. Revenues méconnaissables, à Leipzig, de ce dernier voyage, elles sont prêtes pour la vente; vente sur place ou vente par commis voyageurs dans le monde entier. Et il n'y a pas à craindre que ce marché de plusieurs centaines de millions échappe à ceux qui le tiennent, car ils le tiennent bien. Quand, en Allemagne, sur une illustration, on représente le Brühl, on le voit invariablement peuplé de Juifs en train de brocanter des fourrures.

CHAPITRE IX

Karl Zeiss

Modestes débuts d'une puissante industrie. — Les grands télescopes. — Des machines lilliputiennes. — Une année pour polir une lentille. — La fondation Karl Zeiss et les statuts du docteur Abbe. — La firme Karl Zeiss s'appartient à elle-même ! — Savant, philosophe et philanthrope.

En 1846, s'installait à Iéna un jeune et pauvre mécanicien qui obtint, grâce à son habileté, de faire les petites réparations aux instruments de physique de l'Université ; métier peu lucratif, paraît-il, puisque, en 1848, année de révolution, on le voit travaillant à transformer en fusils à piston, les fusils à pierre des gardes nationaux de Saxe-Weimar.

Le calme revenu, le mécanicien se remit aux appareils universitaires et fonda, en outre, un petit atelier pour fabriquer des instruments d'optique. Tel fut le point de départ de Karl Zeiss.

Une fabrique qui couvre tout un quartier, qui occupe plus de deux mille ouvriers, hommes et femmes, trois cent quatre-vingts employés ou techniciens, et, au-dessus d'eux, quarante docteurs, mathématiciens, astronomes, physiciens, ingénieurs ; des appareils et des produits qui font prime dans le monde entier, avec une demande si intense que, même en ce moment de crise industrielle, la maison se voit obligée de demander à son personnel des heures supplémentaires. Tel est le point d'arrivée.

Rien de plus instructif que de visiter l'établissement Karl Zeiss, d'en suivre l'histoire et d'en étudier l'étonnante constitution.

Entrons-y: nulle part on ne pourrait être mieux accueilli. Dire ce qui s'y fabrique est aussi superflu que de raconter ce qu'on forge chez Krupp. Mais les télescopes, les longues-vues, les instruments de mesure et les microscopes de Zeiss n'ont jamais menacé la vie de personne.

Il construit des instruments grossissant un million de fois les microbes amis ou ennemis de l'humanité[1] et il construit aussi des lunettes astronomiques qui mettent la terre à 1 kilomètre de son satellite.

La salle de montage de ces télescopes est un observatoire complet et isolé, dont la toiture, en plaques de tôle, est amovible par roulement sur des galets. Là ont été montés et essayés les plus grands appareils d'optique que l'on connaisse. La maison entreprend non seulement la fabrication des appareils d'observation astronomique, mais aussi l'installation complète des coupoles qui les abritent.

Il entre dans la monture des instruments d'optique toutes sortes de métaux ou d'alliages, laiton, cuivre, bronze, étain, zinc, plomb, aluminium. Tout se fait dans l'usine. Dès le seuil de la fonderie, on est frappé par les dispositions adoptées pour enlever à ce travail ce qu'il peut avoir de délétère, notamment à l'aide de hottes mobiles, ingénieusement articulées.

Les pièces moulées brutes sont affranchies à la scie, puis ébarbées à la roue à émeri. Je remarque

1. Certains microscopes grossissent même de 1 600 diamètres, c'est-à-dire près de 3 millions de fois

une fois de plus en ces ateliers, le remplacement progressif de la lime par la meule.

Puis on pénètre dans une enfilade d'ateliers où fonctionnent des centaines et des centaines de petites machines-outils; comparées à celles de Benrath ou d'Haniel, c'est Lilliput après Brobdingnac.

Tout un corps de bâtiment est consacré à la menuiserie des étuis et des boîtes d'instruments. L'enlèvement des sciures par aspiration y est absolu.

Nous passons à l'atelier d'estampage, puis de filetage et de calibrage des pièces métalliques; là se trouvent les outils les plus précis qui existent; ils travaillent au centième de millimètre! Chacun de ces instruments est un chef-d'œuvre de mécanique.

Ici c'est une machine à fileter des pas de vis sur des tiges d'acier du diamètre d'une épingle à cheveux; une autre taille automatiquement des engrenages de quelques millimètres de diamètre, suivant une section épicycloïdale qu'à la loupe on reconnaît mathématiquement exacte. Ailleurs, ce sont une huitaine de *tours-revolvers* à fonctions multiples; ils saisissent un rondin de laiton, le tranchent en rondelles et, de chaque rondelle, fabriquent un oculaire de lorgnette complet, pas de vis compris. L'opération dure trente secondes; il n'y a qu'à les regarder faire

D'où viennent ces machines? Quelques-unes d'Amérique, la plupart de constructeurs berlinois, et un certain nombre des ateliers même de Zeiss. Les Allemands ne font pas que de la camelote.

On m'ouvre une porte soigneusement fermée. Sur des étagères sont rangés des objets; chacun porte une étiquette, une inscription, un numéro; il y en a vingt-cinq mille. Ce musée est la collection des modèles de la maison. Si un incendie dévorait ce coin de l'usine, il anéantirait le labeur d'un demi-siècle des plus belles intelligences du pays.

Jusqu'ici, nous avons été dans les métaux. Nous voici maintenant dans le véritable élément de la maison: le verre. Toutes les personnes qui sont dans l'industrie ont entendu parler du verre d'Iéna; elles savent, par exemple, qu'un tube de niveau d'eau de chaudière, que l'on demande en verre d'Iéna, coûte 20 p. 100 de plus qu'en verre ordinaire.

Pour expliquer ce qu'est le verre d'Iéna, un court historique de la fabrique de Karl Zeiss est nécessaire. Il faut savoir qu'en 1866, Zeiss, qui n'était pas un savant, s'adjoignit un professeur de l'Université d'Iéna, le docteur Abbe. Il se trouva être tombé sur un homme de génie. Abbe compléta ou, plutôt, renversa les théories connues sur l'optique et fit de ses calculs le point de départ d'un système de fabrication nouveau du microscope. Zeiss eut le mérite rare, sans rien comprendre aux travaux transcendants de son collaborateur, de le laisser faire.

Abbe, au travers de ses recherches et de la mise en pratique de leurs résultats, était constamment arrêté par l'imperfection des verres que le commerce lui fournissait.

De même que Leverrier fixait la place et les dimensions d'une planète sans l'avoir vue, Abbe construisait des microscopes hypothétiques auxquels il ne manquait que la matière première pour les réaliser, et demandait vainement aux fabricants du monde entier des verres remplissant les conditions qu'il précisait.

Un jour, enfin, il trouva dans la personne d'Otto Schott de Witten, docteur de l'Université de Leipzig, un homme qui accepta de tenter cette fabrication; c'était en 1881. La verrerie fut mise en marche en 1884; elle fabriqua, dès le début, une nombreuse variété de verres à la baryte, au borax, à l'acide phosphorique, au zinc, etc., dont les qualités de fusibilité, de conductibilité, de réfringence, de dureté, etc., varient pour ainsi dire à l'infini. On peut les comparer à ces nouveaux alliages d'aciers et de métaux rares qui ont changé depuis quelques années les conditions de la mécanique.

Le verre d'Iéna n'est donc pas un verre spécial uniforme; c'est une collection de plusieurs centaines de variétés de verre, dont les secrets n'ont guère franchi les murs de la verrerie Schott et de la fabrique de Zeiss, qui sont, du reste, deux affaires accouplées mais distinctes.

Dans le magasin où on me les montre, ils sont en plaques de diverses grosseurs, rangés avec leurs numéros, dans des centaines de casiers.

On saisira à quelle perfection est parvenue chez Zeiss le travail de coupage, dégrossissage et, enfin, de polissage des verres, de prismes et de lentilles, quand on saura que l'on parvient, dans leur exécution, à une précision de un dix-millième de millimètre.

Pour pouvoir apprécier des dimensions de cet ordre, il a fallu imaginer toute une série d'instruments de mesures basées sur des phénomènes lumineux: d'où une section de plus dans la fabrique, celle des appareils de mesures infinitésimales.

Le travail du calibrage et du polissage des verres d'optique demande beaucoup plus à la main de l'ouvrier qu'aux appareils mécaniques. Les plus grosses lentilles ont 1 mètre de diamètre (il faut alors une année pour les polir), les plus petites 1 mm. 3. On a calculé que 1 kilogramme de ces dernières coûterait au moins 12 millions de francs; mais ceux qui les font, leurs enfants, petits-enfants et arrière-petits-enfants seraient morts avant que le kilogramme soit atteint, car il en contiendrait plus de 300 000!

Après les ateliers, les bureaux: dans la salle des dessins, soixante dessinateurs sont occupés toute l'année; de même que dans l'usine Krause, ils travaillent sur des chevalets, et cette constatation démontre que ce procédé est le meilleur; car rien ne se fait dans l'usine Zeiss sans qu'on ait pesé le pour et le contre. Telle fut, de l'aveu unanime, la caractéristique de l'intelligence du docteur Abbe et la tradition qu'il a transmise à ses successeurs.

Quand, après la visite, on réfléchit à ce prodigieux amoncellement de science, d'expérience, de modèles, de matériel, de tours de main, de secrets de fabrication, on comprend qu'il n'y ait dans le monde qu'une seule usine Karl Zeiss.

Mais on n'est pas au bout de ses étonnements. Si l'on demande à qui tout cela appartient-il? à M. Karl Zeiss? il est mort en 1888; à ses héritiers? on les a désintéressés; au docteur Abbe? pas davantage; à des actionnaires, à des commanditaires? nullement. La Société ou, plutôt, la fondation Karl Zeiss s'appartient à elle-même. La religion que l'on professe ici est une sorte de panthéisme industriel qui a pour décalogue les statuts rédigés et imposés par le seul homme qui en eût le pouvoir, le docteur Abbe.

Je voudrais essayer d'expliquer, en quelques mots, cette situation extraordinaire, bien que cela me paraisse presque aussi difficile que d'exposer le Coran ou les constitutions de Loyola en une page et demie. A chaque ligne, on trouvera des obscurités ou des objections à faire. Qu'on veuille bien admettre que Abbe y répond et que son génie compliqué mais logique a tout prévu.

A la mort de Karl Zeiss (1888), son fils resta à peine une année avec le docteur Abbe, qui le désintéressa et resta seul maître de toute l'affaire — la verrerie partiellement exceptée. — Mais il ne tarda pas à céder

(*Cliché Karl Zeiss.*)

L'optique astronomique, chez Karl Zeiss, à Iéna

cette colossale propriété à l'entreprise elle-même, sans faire intervenir dans cette donation ni le mot ni la chose que l'on désigne légalement sous le nom de capital. Il baptisa l'objet cédé du nom de *fondation Karl Zeiss* et en énuméra les ayants droit obligatoires. Ce sont la commune d'Iéna, l'Université, les collaborateurs et les ouvriers de la maison, sans qu'aucune personne soit nommément spécifiée. C'est, en quelque sorte, une association de production dont les statuts prévoient strictement le but à poursuivre: en première ligne, que la science et l'industrie soient intimement liées dans la fabrication et, au point de vue commercial, que l'on vise moins l'augmentation des bénéfices que l'augmentation constante de la fabrication. La maison Carl Zeiss est condamnée par son fondateur à s'agrandir indéfiniment tant qu'elle réalisera des profits.

A côté de ces possesseurs — ou dépositaires — de la fondation Karl Zeiss, Abbe a voulu que des personnalités déterminées soient chargées de l'exploiter; car il est à remarquer que les entreprises de la fondation ne sont pas régies par les dépositaires, mais uniquement par les statuts. L'administration de la fondation ne doit veiller qu'à une chose, à l'observation de ces statuts. Les directeurs de l'entreprise sont au nombre de deux à quatre.

Tout le personnel — moins les directeurs — reçoit une participation aux bénéfices sous la désignation de supplément au traitement ou au salaire. Le taux dépend des bénéfices réalisés, dont le mode de calcul est rigoureusement prévu et spécifié.

L'exclusion des directeurs de ce partage n'est pas une des clauses les moins extraordinaires de l'acte du docteur Abbe; le motif en est le suivant: la direction établit le budget et le bilan; elle peut donc peser sur eux et faire augmenter les bénéfices dont elle profite au détriment des salaires ou des besoins de l'entreprise; il ne faut pas qu'elle ait cette tentation. Comme correctif, Abbe a prévu des primes importantes à toute personne employée dans la maison qui, par une activité ou une ingéniosité spéciales, lui procurerait un bénéfice.

Au point de vue purement ouvrier, la fondation Karl Zeiss a été la cause de discussions passionnées, en fixant spontanément à huit heures la durée du travail journalier.

Cette détermination a été la conséquence d'une démonstration probante faite par Abbe dans ses propres ateliers, et point nécessairement applicable à d'autres, car c'est un travail autrement fatigant de calibrer des pièces au centième de millimètre que, par exemple, de pousser un wagonnet le long d'un chantier.

Quoi qu'il en soit, il fut reconnu que la somme de travail exécuté en huit heures, par une moyenne de plusieurs centaines d'ouvriers aux pièces, et pendant une année, était supérieure à celle produite en neuf heures, durée antérieure de la journée ouvrière.

Mais le docteur Abbe a poussé plus loin son expérimentation, et, avec une rigueur scientifique irréfutable, il a recherché et circonscrit entre d'étroites limites le maximum de rendement de l'ouvrier, en fonction de tel ou tel travail, de telle ou telle alimentation, de telles ou telles conditions hygiéniques; et, sur ce dernier point, il est arrivé à cette mémorable conclusion, qu'un atelier vaste, bien chauffé en hiver, bien ventilé d'air pur, sans poussières pénibles est aussi profitable à la caisse du patron qu'à la santé de l'ouvrier.

Malgré cette situation qui confine à l'idéal caressé par le socialisme, il s'en est fallu de peu que les ouvriers ne se missent en grève en 1904, parce que la répartition de 1903 avait été moins forte que les précédentes. La psychologie des foules est aveugle et irraisonnée, et l'un des théorèmes les plus délicats qui s'imposa à Abbe à la fin de sa carrière fut de démontrer à ses obligés qu'une participation aux bénéfices est autre chose qu'un salaire immuable.

Si le docteur Abbe avait attendu son heure su prême pour léguer, sous forme de testament, la fondation Karl Zeiss et ses statuts, il est à croire que les difficultés en auraient surpassé les moyens de réalisation; mais c'est dès l'année 1900 qu'il présida lui-même à la mise en œuvre de ses conceptions; ainsi fût-il son propre exécuteur testamentaire; et l'œuvre a réussi si magnifiquement que le nombre des ouvriers, qui était de mille en 1900, a plus que doublé, qu'il a fallu doubler aussi les bâtiments industriels et que jamais les commandes n'ont atteint les chiffres actuels.

Le docteur Abbe est mort au commencement de 1905, à soixante-cinq ans. Savant de premier ordre, homme d'action audacieux, philosophe et psychologue clairvoyant, philanthrope novateur et généreux, il est regardé comme une des personnalités les plus éminentes de l'Allemagne moderne.

Ses expériences sur le travail humain, ses conférences, ses déterminations, les statuts de sa *Fondation*, en un mot, l'exposé des idées de toute sa vie, si elles sont jamais rassemblées, seront un des plus précieux monuments de la sociologie.

CHAPITRE X

Les Sels de potasse de Stassfurt

Un gisement de sels inconnus. — Deux mille mètres d'épaisseur de sel gemme, — Une mine étincelante. — Les chimistes battus par les mathématiciens. — Le syndicat de Stassfurt. — Propagande scientifique et commerciale. — Une armée d'agronomes dans les cinq parties du monde.

Les gisements de sels potassiques sont à l'Allemagne ce que les puits de pétrole sont aux Etats-Unis. Mieux même, car on trouve du pétrole un peu partout, et il n'est qu'une seule région au monde où l'on ait encore rencontré en abondance des sels naturels de potasse: c'est l'Allemagne du Nord.

On a conservé l'habitude de les dénommer sels de Stassfurt, parce que c'est là où a commencé l'exploitation et où les mines et usines sont le plus nombreuses, quoique depuis vingt-cinq ans, on en ait successivement découvert un peu partout; l'on peut dire aujourd'hui avec exactitude que toute la région qui environne le Hartz, depuis Halle sur la frontière de la Saxe jusqu'au delà de Hanovre, au nord et à l'est, et jusqu'en Mecklembourg, repose sur un immense bloc de sels alcalins dont, tout dernièrement encore, on a retrouvé le prolongement en Alsace.

Mais remontons aux origines:

Vers la fin du dix-huitième siècle, des mineurs

du Hartz découvrirent, sur les confins du duché d'Anhalt, des gisements de sel gemme à une profondeur de 200 à 300 mètres, et se mirent à l'exploiter. Malheureusement ce chlorure de sodium était en bien des points mélangé de sels différents que l'on n'avait jamais vus nulle part et qui gênaient singulièrement les exploitants, car, plus ils s'approfondissaient, plus ces sels nouveaux devenaient abondants. Et, ce qui fait aujourd'hui l'incalculable richesse d'un pays causa alors la ruine des premiers chercheurs.

Toutefois, on ne perdit jamais de vue le gisement qui devint l'objet d'études chimiques attentives; et, en 1861, se créa la première fabrique de chlorure de potassium extrait des minerais de Stassfurt. Successivement, il s'en construisit d'autres; puis, les mines et les usines se multiplièrent au fur et à mesure que les emplois agricoles des sels potassiques étaient mieux connus et plus généralisés; les recherches s'étendirent et le pays connut la fièvre de la potasse, car on en trouvait plus ou moins abondamment de tous côtés.

La région des gisements est généralement plate et singulièrement fertile. Si l'on recueille des millions de tonnes de sels alcalins dans le sous-sol, on récolte des millions de tonnes de betteraves à la surface.

Il n'est aucunement douteux que les sels ainsi découverts n'aient été déposés là par les eaux d'une mer de la période géologique; mais des théories multiples ont cherché à expliquer la présence, au travers du sel gemme, de couches de chlorure et de sulfate de potasse, de sels de magnésie, de sulfate de chaux; et de quelle puissance! On va en juger.

Un puits vertical creusé à Stassfurt rencontre jusqu'à 250 mètres environ des roches tertiaires, marnes et calcaires; à 260 mètres, il entre dans le sel gemme et, sauf des failles imprévues, traverse sur 90 mètres de profondeur, un bloc uniformément massif de ce sel dont l'inclinaison est d'environ 45°; puis une soixantaine de mètres de gypses, après lesquels il atteint les couches successives de carnalite, de kaïnite, de kieserite et de sels mélangés, tous sels de potasse exploitables et exploités, dont l'épaisseur est de plus de 100 mètres.

Au-dessous, se retrouve encore le sel gemme et en si grande épaisseur que les sondages les plus profonds n'ont pu en déterminer la limite; à 2 000 mètres, on est encore en plein dans la couche.

Ces quelques notions techniques m'ont paru nécessaires, étant donné qu'il s'agit d'une industrie qui extrait actuellement 5 500 000 tonnes de sels de potasse bruts dont on raffine environ la moitié dans une soixantaine d'usines, et où plus de 1 milliard de francs sont engagés.

La première fois que je visitai les mines de Stassfurt, en 1886, je notai que les usines étaient exactement au nombre de six[1].

On voit le chemin parcouru en vingt-trois ans.

Une telle visite est infiniment plus aisée et plus confortable que celle de toute autre mine.

La seule impression peu agréable est la descente qui s'exécute avec une vitesse vertigineuse; en une minute et quart on est à 410 mètres de profondeur. Mais le spectacle qui vous y attend l'efface dans un éblouissement. On débouche dans une galerie large et haute comme un tunnel de chemin de fer dont les parois seraient en cristal étincelant et massif. Pas d'humidité, pas de poussière, pas d'éboulements, pas de boisage, et l'on s'avance silencieusement sur de la poussière de diamant, diamant qui

1. De France en Allemagne.

est du chlorure de sodium. Partout, c'est le sel gemme qui sert de remblai; on serait d'ailleurs embarrassé d'en trouver d'autre. C'est à peine si l'on exploite petitement la couche supérieure, quand elle est particulièrement pure.

Des avenues éclairées tout du long à la lumière électrique qui scintille, réfléchie sur des milliers de facettes, sont parcourues par des tramways...., pardon, par des locomotives à trolley qui entraînent des rames de wagons pleins ou vides. On peut marcher ainsi des heures, s'égarer, se retrouver, et, finalement, aboutir à un chantier d'abatage, haut et large comme une cathédrale à cintre surbaissé, où les ouvriers perforent le banc avec de longues tarières arc-boutées sur de fortes traverses de fer et actionnées à l'aide d'un bowden par une dynamo simplement placée dans une boîte grande comme une caisse à chapeau. Le trou foré est chargé à la dynamite, qu'on fait détoner, sans plus de précaution que dans une carrière de pierres. De ma vie, je n'ai vu exploitation plus facile, mais aussi outillage plus perfectionné. De ce fait, le nombre des ouvriers est absolument réduit.

Les blocs de sels bruts, quelquefois énormes, que l'explosion détache, sont détaillés à coups de masse; on les charge sur les wagonnets tels quels, et en route pour la cage du puits et de là, souvent dans les mêmes véhicules, pour le transporteur aérien, vers les moulins ou, au loin, vers l'usine de raffinage.

Les sels bruts sont de diverses sortes, désignés sous le nom de *kaïnites*, *carnalites*, *sylvinites Harzsaltz*, *kiesirites*, qui se différencient par leurs teneurs respectives en chlorure de potassium et de sodium, sulfate de potasse, sulfate et chlorure de magnésium. Tous ces sels sont solubles; aussi, si l'on prenait fantaisie d'introduire par un puits l'Elbe ou la Saale, qui coulent non loin de là, on produirait la plus gigantesque lessive qui se soit vue sur la terre, et si l'eau ressortait par une autre issue, en quelques semaines la moitié de l'Allemagne du Nord s'effondrerait dans l'abîme.

A une certaine époque, on avait essayé d'établir, sur le principe du lessivage méthodique des couches, une exploitation économique: mais l'eau remontait chargée d'une telle macédoine de sels variés, qu'on renonçait à les isoler. C'est ainsi que, pendant longtemps, on a admis que la kaïnite était surtout formée de sulfate et la carnalite de chlorure de potassium: c'était une erreur. Les savants ont changé tout cela, et ces savants ne sont pas des chimistes. La chimie, en présence de sels aussi étroitement apparentés que des sulfates et chlorures de sodium, potassium, magnésium, perd son latin à vouloir reconnaître quels sont, de ces acides et de ces bases, les conjoints authentiques, tous préexistant depuis des milliers de siècles dans une inséparable promiscuité. C'est au flair des mathématiciens qu'on en doit la découverte. Ceux-ci, appelant à leur aide la cristallographie et les courbes de fusibilité, au travers desquels ils introduisent du calcul intégral, ont fait, avec évidence, jaillir la vérité. Et il faudra les croire sur parole; car ils sont à peine quelque douzaine en mesure de saisir la suite des opérations.

Donc, à la honte des chimistes, les mathématiciens cristallographes ont reconnu que la kaïnite n'est point un sulfate, mais plutôt un chlorure de potassium.

Les sels bruts, surtout les kaïnites, sont vendus tels quels pour la culture dans un rayon de quelque 500 à 1 000 kilomètres; mais au delà, pour diminuer les frais de transport, on a intérêt à les enrichir en les raffinant. C'est ce que font les soixante à soixante-dix usines qui en retirent, en outre, un produit peu abondant mais précieux: le brome.

L'extraction des sels de Stassfurt a progressé de la façon suivante:

En 1861, 23 000 tonnes; en 1891, 1 370 000 tonnes; en 1901, 3 480 000 tonnes; en 1907, 5 450 000 tonnes; en 1909, 5 920 000 tonnes valant 120 millions de francs.

Sur ce chiffre, l'Allemagne en consomme la moitié, l'Amérique du Nord un quart, et le dernier quart se répartit dans les cinq parties du monde. Le Syndicat de vente a en particulière estime la Hollande, qui, à surface égale, consomme encore plus que l'Allemagne, et en un certain mépris la France qui a acheté dix-neuf fois moins. Je tiens à objecter, en connaissance de cause, que, sans vouloir absoudre nos cultivateurs de leur routine invétérée, nos terres ont de moindres besoins de potasse que les tourbières de la Frise, du Hanovre ou les dunes de la Hollande, pour lesquelles elle est un engrais presque spécifique: de plus, la culture française en trouve de notables quantités dans les résidus de sucrerie.

Ceux qui penseraient que la diffusion de l'engrais potassique à travers le monde s'est faite naturellement et par la force des choses seraient dans une profonde erreur et connaîtraient mal les cultivateurs de tous les pays.

Cette diffusion est, avant tout, l'œuvre du Syndicat de vente de Stassfurt. S'il est une association dont on doive signaler les procédés et les résultats, c'est incontestablement celle-là.

La très grande majorité des mines et usines qui leur correspondent ne vendent rien par elles-mêmes et remettent au Syndicat leur production brute ou raffinée; celui-ci répartit à chacune, selon le *cartel* établi, les commandes qu'il reçoit. Et déjà apparaît une première difficulté théorique : chaque usine ou mine produit en proportions variables les uns ou les autres des différents sels bruts ci-dessus dénommés et les sels raffinés qui leur correspondent. Comment faire une répartition équitable?

Ce premier point résolu, que faire des concessionnaires nouveaux dont la liste s'allonge d'année en année? Si on ne les admet pas, ce sont des concurrents; si on les accueille pour une partie aliquote, on embrouille et on diminue la quantité à fournir par tous les autres.

En fait, on a pu, jusqu'ici, admettre les nouveaux — qui l'ont bien voulu — sans diminuer les quantités à livrer par les autres, grâce aux efforts couronnés de succès du Syndicat pour développer la vente.

Ces efforts sont de deux sortes: commerciaux et scientifico-agronomiques.

Le Syndicat est formé par la réunion des exploitants et présidé statutairement par le représentant du plus puissant d'entre eux, le gouvernement prussien, propriétaire d'une des principales exploitations. Il est géré par un directeur général assisté d'un directeur commercial et d'un directeur agronome. A la direction commerciale, sont rattachés des agents ou des représentants dans le monde entier; de la direction agronomique dépendent quatorze docteurs ès sciences agronomiques, résidant à Stassfurt, appartenant à toutes les nations : allemands, hollandais, anglais, américains, belges, italiens, français, orientaux, russes, dont le bureau central est le temple du polyglottisme. Ils ont à leur service une petite armée de quarante-cinq à cinquante agronomes, employés de la maison, et dispersés en tirailleurs sur tous les points du globe où leur action peut être profitable. Ces agronomes ont pour mission de répandre et de commenter des brochures de propagande, ornées de photographies, imposant à la vue les résultats d'expériences, de provoquer et de conduire eux-mêmes des essais, de faire des conférences, de prendre part aux expositions et de se faire inscrire dans toutes les sociétés agricoles. On les paye, d'ailleurs, fort largement. Ils sont juxtaposés aux agents commerciaux, mais ne relèvent que de la direction agronomique. Ces apôtres de la potasse écrivent, parlent, agissent, démontrent, se déplacent, s'insinuent, tant et si bien, qu'ils ont trouvé le moyen d'en vendre sur tout le globe, même en Océanie, même aux nègres, même aux Chinois. Cela coûte des millions chaque année, mais quelle indiscutable preuve de la puissance de pénétration du commerce allemand!

Le groupement des exploitants a seul rendu possibles de pareilles dépenses et une action aussi vigoureuse et aussi suivie, sans lesquelles le développement de la vente fût resté rudimentaire. Le monde se serait passé de sels potassiques, comme s'en passent encore tous ceux qui n'en achètent pas et qui se contentent de récoltes un peu moins abondantes; voilà tout. Cette vente se serait traînée dans les chiffres de quelques centaines de milliers de tonnes, indéfiniment.

Et la production? Tous les producteurs existants auraient voulu fournir, chacun de leur côté, ces quelque cent mille tonnes, d'où baisse, bataille, chute des moins forts, absence de bénéfices pour les autres. Les affaires de potasse eussent été décriées; on en serait encore aux six usines de 1886, peut-être à moins. Et toute cette richesse souterraine serait encore dans la terre ou évaporée en fumée.

Au lieu de cela, grâce au Syndicat, elle s'est développée comme les chiffres le montrent et a rapporté, depuis vingt ans, des milliards de bénéfices, faisant vivre en même temps de cinquante à cent mille ouvriers. Et nulle crainte à envisager d'un épuisement possible, la richesse des gisements étant illimitée.

Lorsque le Syndicat a été à expiration, une tablature délicate s'est présentée pour son renouvellement, à cause des prétentions exclusives des anciens et de l'appétit juvénile de certains nouveaux venus, parmi lesquels se trouvent un consortium américain. Le gouvernement prussien a réglé la question en édictant une législation spéciale pour les occupants étrangers. Ainsi fut sauvegardé l'intérêt national.

Quoi qu'il advienne, le Syndicat de Stassfurt est l'exemple le plus concluant de tous ceux que l'on peut donner. Il a été le facteur exclusif de la prospérité de cette industrie; rien n'aurait pu le remplacer dans ce rôle, et, en maintenant une discipline exacte, mais raisonnable, dans les prix de vente, il a assuré la prospérité de tous les intéressés et de leur personnel.

En Allemagne, de telles associations sont reconnues par la loi, et l'on voit le gouvernement le premier en donner l'exemple. Mais si des gisements comme ceux de Stassfurt se fussent rencontrés dans quelque pays proscrivant les ententes entre producteurs, ils eussent constitué, au lieu d'une richesse, une non-valeur.

CHAPITRE XI

L'Agriculture

Les stations agronomiques. — La station de Möckern et le professeur Kellner. — Onze années de recherches. — Résultats sensationnels. — Instituts agronomiques. — Comment faire voyager les poissons vivants? — Le séchage en grand des pommes de terre et des feuilles de betteraves. — Un Rittergut *modèle. — L'exploitation scientifique de MM. Vrède. — Conséquences des travaux de Kellner. — Les besoins de la culture intensive allemande.*

Quand une nation déchoit visiblement sur quelque point, on est sûr qu'elle faiblit d'une façon plus ou moins latente sur tous les autres; si elle progresse avec vigueur dans certaines directions, à n'en pas douter, tout y marche de front.

L'agriculture, en Allemagne, avance du même pas que l'industrie, et son allure est universellement scientifique. La propriété étant peu morcelée, la terre se cultive industriellement; ainsi opèrent les grands propriétaires dont l'instruction agronomique est généralement très avancée.

Une loi a supprimé en majeure partie l'émiettement fâcheux du sol en une infinité de parcelles appartenant au même propriétaire. Cette loi, que chaque Etat a édictée avec quelques variantes, prescrit que lorsque la majorité des propriétaires ruraux d'une commune, possédant les deux tiers des terres arables, est d'avis de répartir toutes les parcelles de façon à réunir en un seul lot les terres éparses de chacun, la minorité doit s'y soumettre. Alors, une commission est chargée du lotissement nouveau, et les actes de propriété sont établis en conséquence sans droits de mutation. Cette loi a reçu des applications innombrables

M. Tisserand, ancien directeur de l'agriculture au ministère français, a signalé dans un rapport officiel le fait suivant :

« La commune saxonne de Hohenhaida était divisée en 774 parcelles de 57 ares en moyenne. Le nombre des propriétaires était de 35; la majorité ayant été d'avis de faire la *réunion territoriale*, la répartition réduisit le nombre des parcelles à 57 d'une contenance moyenne de 9 hectares 80 ares. De ce fait, 10 hectares de chemins de desserte purent être supprimés. Le tout coûta 8 126 francs. Les conséquences de l'opération ne se firent pas attendre : deux ans plus tard, tous les propriétaires durent élargir leurs greniers à récoltes. »

Malgré tout, l'agriculture n'a point la prétention, avec ses 540 000 kilomètres carrés, dont une partie en terres ingrates, de nourrir 64 millions de bouches allemandes; mais elle s'efforce du moins de retirer du sol, au meilleur marché possible, le maximum de produits.

Ses guides, religieusement suivis, sont les *Stations agronomiques*; ses maîtres, les *Instituts agronomiques*, plus un grand nombre d'*Ecoles d'agriculture* spécialisées, telle l'Ecole impériale de viticulture et de pomologie de Geisenheim sur le Rhin, près des coteaux célèbres de Johannisberg.

Les stations agronomiques, au nombre d'une soixantaine, institutions des Etats fédérés, sont, elles aussi, spécialisées; parsemées à travers les diverses régions, elles étudient et préconisent les meilleurs procédés de culture dans les sols qui les environnent.

Vers 1890, une découverte sensationnelle sortit de la station agronomique de Bernbourg, en Anhalt. Les professeurs Helriegel et Wilfarth avaient trouvé et cultivé le ferment qui permet à la luzerne d'absorber l'azote atmosphérique; en 1893, je me rendis auprès d'eux, accompagné d'un grand agronome français; nous leur demandâmes s'ils poursuivaient leurs recherches sur ce sujet.

« Non, dirent-ils, car ce n'est pas notre mission; nous avons fait cette découverte au cours d'autres expériences, mais nous sommes chargés d'étudier tout ce qui touche à la betterave à sucre, principale culture du duché d'Anhalt, et nous n'avons pas le droit d'abandonner ce programme pour un autre. »

A Brême, existe une station qui, depuis trente ans, ne s'occupe que de la mise en valeur des tourbières; elle y a fort bien réussi.

A Munich, on étudie surtout l'orge, le houblon et les fermentations.

La station agronomique de Möckern, près Leipzig, est une des plus en vue et la plus ancienne (1851). Après avoir été longtemps dirigée par le célèbre professeur Kuhn, elle a maintenant pour chef le professeur Kellner. Sa spécialité est d'étudier l'alimentation du bétail.

L'instrument fondamental de ses recherches est sa *stalle respiratoire* pour les animaux. Ce curieux appareil dont il n'existe, je crois, dans le monde que trois autres exemplaires, l'un à Gœttingue, le second en Suède, le troisième depuis peu, aux Etats-Unis, se compose d'une chambre hermétiquement close. L'animal, généralement de l'espèce bovine, y est introduit et attaché; devant lui, est une trappe à fermeture étanche par où on lui fait passer ses aliments; sous lui et derrière lui, une disposition savante permet de recueillir toutes ses excrétions solides et liquides. Un ventilateur soufflant lui envoie de l'air pur, et un tuyau emporte l'air vicié à un gros compteur qui en mesure exactement le volume. D'autres petits compteurs peuvent prélever sur le tuyau des parties aliquotes de cet air dans lequel on analyse chimiquement tous les gaz que la respiration et la perspiration cutanée ont produits. Les aliments et les excrétions étant pesés et analysés, on peut faire une balance exacte de ce qui entre dans la machine animale et de ce qui en sort.

Tel j'avais vu cet appareil en 1886, tel je le retrouvai en 1909: il n'a guère chômé depuis trente ans. C'est lui seul qui a servi à déterminer la valeur nutritive respectivement de toutes les denrées pouvant servir de fourrages; c'est grâce à lui qu'ont été dressées les tables qui sont l'évangile des éleveurs instruits du monde entier.

M. le professeur Kellner vient d'y terminer des recherches qui n'ont pas duré moins de onze années: recherches dont les résultats ont une importance capitale et dont l'exposé donne la mesure des travaux inouïs devant lesquels ne reculent pas les savants allemands[1].

Les découvertes antérieures avaient démontré que les aliments ne valent que par trois éléments: la *protéine*, la *matière grasse* et les *féculents* (sucre ou amidon) qu'ils contiennent; mais un point restait indémontré, quoique capital: les matières grasses sont-elles nécessaires à l'engraissement de l'animal?

1. Voir le compte rendu qu'en a donné, dans le *Journal d'agriculture pratique*, le professeur Grandeau. D'ailleurs une édition française des travaux du professeur Kellner est actuellement en préparation.

Les féculents peuvent-ils arriver au même but? Car on sait que, de même que chez l'homme après quarante ans, toute augmentation de poids d'un animal adulte ne provient que d'une augmentation de graisse.

Cette question divisait encore, il y a trois ans, le monde agronomique savant. C'est à la résoudre, à l'aide de la stalle respiratoire, que le professeur Kellner a consacré onze années. Il est parvenu à démontrer irréfutablement que les féculents des fourrages engendrent de la graisse chez les animaux, et à déterminer exactement quelle quantité de graisse ils produisent; puis, il a recherché si, dans toutes les substances susceptibles de constituer un aliment, ces trois éléments, protéine, graisse, fécule possédaient identiquement le même pouvoir digestif et nutritif; il y a trouvé des différences, les a calculées, en a découvert les causes qui sont le travail de la mastication, le travail automatique de la digestion et diverses fermentations secondaires; enfin, il a fixé les lois d'après lesquelles l'alimentation doit varier avec la taille et la corpulence des animaux.

Les procédés mis en œuvre par Kellner sont admirables de précision, et rappellent la méthode expérimentale du plus génial de nos savants français, Claude Bernard. Mais, quand on a pu suivre avec lui l'exposé de ces recherches, analyses, pesées, corrections, calculs thermodynamiques, on reste confondu devant l'étendue de ce travail, et on comprend qu'il lui ait fallu, pendant de longues années, sept chimistes assistants uniquement occupés à ces expériences.

Le résultat a été non pas le renversement des tables anciennes, mais une modification profonde dans leurs applications. Kellner en a dressé de nouvelles qui firent immédiatement loi en Allemagne où tous les agriculteurs ont les yeux tournés vers les stations agronomiques pour en appliquer les découvertes pratiques.

Les constatations de Kellner ont une portée économique qui échappera au lecteur étranger à ces questions. Cependant, tout le monde peut comprendre que l'application généralisée d'une découverte agronomique, vu l'étendue de son champ d'action, peut entraîner des mouvements de centaines de millions.

D'ailleurs, l'importance des travaux du savant professeur de Möckern n'a pas échappé aux nations où l'agriculture marche avec le progrès. Le volumineux ouvrage où il les a consignés, a été traduit en neuf langues, notamment en japonais. M. Grandeau, l'éminent directeur général des stations agronomiques françaises, qui en a publié un compte rendu sommaire le termine par cette phrase : « A la suite des expériences du professeur Kellner, on peut considérer la question de la ration d'entretien des ruminants comme définitivement résolue. »

Avec quels subsides les stations agronomiques allemandes peuvent-elles se livrer à des travaux d'une telle envergure? Ils sont de plusieurs sortes: subventions de l'Etat, Möckern reçoit plus de 60 000 francs par an du gouvernement royal saxon; frais des analyses des engrais et des fourrages; ils dépassent 40 000 francs par an; enfin, des dons particuliers et des legs.

Les stations agronomiques étant les laboratoires fermés où se préparent les évolutions de la science agricole, les instituts agronomiques sont les foyers qui la propagent.

Si celui de Berlin est un monde, on peut cependant en citer un plus récent.

L'Institut agronomique de Leipzig, fondé par l'Université, a été (1904) réinstallé dans un établissement qui a coûté près de 1 100 000 francs[1]. Autour du bâtiment s'étendent des jardins renfermant des collections botaniques et pédagogiques de toutes sortes. De plus, une grande ferme expérimentale, située à quelques kilomètres de Leipzig, lui est annexée. Le nombre des étudiants qui le fréquentent est de deux cent soixante-huit; la durée des cours théoriques et pratiques est de quatre semestres. Un examen de sortie satisfaisant leur donne droit à un diplôme universitaire.

Les salles de cours, les laboratoires de chimie et de bactériologie sont organisés suivant les types les plus modernes. Dans la cour centrale se meuvent des machines de divers systèmes. Une vaste salle contient une collection de modèles réduits de toutes les machines agricoles et un certain nombre en grandeur naturelle; une autre, des modèles des principales espèces et races d'animaux domestiques; ailleurs, des échantillons de toutes les variétés de laines. Dans une immense volière s'ébattent des légions d'oiseaux. La bibliothèque à l'usage des élèves contient 6 000 volumes et 130 périodiques scientifiques en diverses langues.

A noter une installation d'aquariums, munie d'appareils pour expérimenter les effets de la pression sur les poissons, et aussi leur vitalité dans l'air saturé de vapeur d'eau. Ce sont là des sujets d'études poursuivies en divers points de l'Allemagne pour arriver au transport pratique par voie ferrée des poissons vivants.

Enfin, on fait de multiples expériences sur le séchage industriel et méthodique des produits agricoles et notamment des pommes de terre, procédés nou-

1. Das studium der Landwirtschaft an der Universität Leipzig.

veaux que l'agriculture allemande a résolument mis en pratique depuis trois ou quatre années. Ces opérations de séchage par grandes masses des produits agricoles, déjà en voie de généralisation en Allemagne, sont encore totalement inconnues ailleurs.

Examinons la pomme de terre, qui est la production des terres pauvres, comme la betterave est celle des terres fertiles : les travaux de Kellner lui ont attribué une valeur nutritive supérieure à celle qu'elle avait précédemment, et son prix a augmenté sensiblement. D'après les statistiques officielles, la production annuelle dépasse le chiffre formidable de 45 millions de tonnes récoltées sur 3 300 000 hectares. Au prix moyen de 50 francs la tonne, c'est une récolte de plus de 2 milliards de francs.

Une partie de cette masse va à l'alimentation humaine, une autre aux distilleries d'alcool et la plus grosse part à la nourriture du bétail, du porc notamment. La pomme de terre est la matière première du porc, et le porc est l'aliment national. Mais toutes les pommes de terre se récoltent à la fin de l'automne et doivent pourvoir pendant toute l'année à la consommation. Or, ce tubercule est d'une conservation difficile. On a calculé qu'un sixième se putréfie ou fermente, bref, ne peut se consommer ; d'où une perte annuelle de plusieurs centaines de millions. La pensée est venue que si on les desséchait, on les conserverait indéfiniment. Après de nombreux essais, des appareils ont été construits pour les hacher, d'autres, pour enlever les 80 p. 100 d'eau qu'elles contiennent. Dès lors, on obtient un produit ressemblant à du vermicelle, qui se trouve cuit en même temps que desséché, dont la conservation est assurée et qu'il suffit de délayer dans de l'eau tiède pour en faire un fourrage excellent.

Ce procédé peut même servir de régulateur pour les

prix, car une récolte abondante peut, après dessiccation, chevaucher sur une année de disette. Avec les appareils appropriés il suffit, par 100 kilogrammes de tubercules de 30 centimes de combustible pour arriver au résultat. Sans doute, ces appareils sont coûteux, abordables seulement par les gros propriétaires; mais les exploitants moyens se sont vite syndiqués. On comptait, au début de 1909, 155 installations semblables. Et une installation complète ne coûte pas moins de 40 000 à 100 000 francs.

Ce n'est pas tout: le même principe a été étendu à beaucoup de résidus végétaux, tels que les fourrages d'arrière-saison, les feuilles de betteraves, les grains plus ou moins avariés. Des appareils identiques y sont appliqués et on arrive ainsi à engraisser des animaux avec quantités de denrées que, jusque-là, on estimait uniquement propres à faire de médiocres engrais pour les terres arables.

A la base orientale du Hartz, dans la province prussienne de Saxe, se trouve, à Ringelheim, un important Rittergut, fertile domaine de 650 hectares, divisé en deux fermes, dont le tenancier, M. Vrede, est un agronome de premier ordre. Je l'avais visité, il y a quelque vingt-trois ans; j'eus dernièrement l'occasion de le revoir.

Ce fut le petit garçon qui nous avait accompagnés avec son père en 1886, qui me reçut; le petit garçon est devenu un colosse de six pieds, ancien étudiant de l'Université de Leipzig, section de l'Institut agronomique. Son père lui a cédé l'une des deux fermes; il est marié à une femme charmante; l'un et l'autre parlent très correctement le français, et ils se sont fait construire une villa où règne le confort le plus impeccable, vis-à-vis, piquant contraste, du vieux château Louis XIII, massif et renfrogné, du *Ritter*, ancien officier de l'armée prussienne.

L'une des fermes cultive 330 hectares; l'autre, 350, et l'hectare vaut ici 4 000 à 6 000 francs; un joli loyer que l'intérêt de ce capital. Leur exploitation est toujours un modèle. Elle comprend surtout la production de la betterave, l'élevage et l'engraissement du bétail. Autrefois, ce bétail était le mouton; aujourd'hui, le mouton a fait en grande partie place au porc. On en compte plus de cinq cents dans une seule ferme, races de Hanovre, de Brunswick, d'Yorkshire et croisements. Tous ces animaux sont, non en étables, mais parqués dans des hangars par les mauvais temps et en plein air pendant les trois quarts de l'année.

Ces mesures s'appliquent aussi à tous les autres animaux, vaches, génisses de la race hollandaise, au nombre de cent quarante. Le plein air est favorable à leur santé et même à l'engraissement. Les tout jeunes animaux seuls sont dans des étables, fréquemment blanchies et reblanchies à la chaux. Les veaux ne sont pas admis à teter leur mère dont on leur sert le lait dans des seaux.

Les animaux à l'engrais sont parqués par groupes de quinze, car, suivant leurs états progressifs d'engraissement, ils reçoivent des rationnements différents de protéine et de féculents. Une fois par semaine, chaque lot est pesé.

Le plus intéressant spectacle est celui de la confection des rations. Dans de vastes greniers desservis par des monte-charges, sont les fourrages, pulpes sèches, tourteaux alimentaires, et, de tous côtés, des bascules. Contre les murs, les tables de Kellner, et, à côté, des tableaux noirs où sont tracés les chiffres de chaque élément nécessaire à l'alimentation des divers lots, puis, en regard, les poids des mélanges de fourrages qui y correspondent; ce sont ces nombres que lisent les femmes préposées à la confection des rations. Elles pèsent chaque espèce de fourrage, les versent successivement au même tas et les mélangent, et ainsi de suite pour chaque lot. Le tout est mis en sacs, descendu par les ascenseurs et porté à destination. Il est à remarquer que tous les aliments filamenteux, foins, pailles, luzernes, sont préalablement hachés, conformément aux prescriptions de Kellner.

Les travaux agricoles sont exécutés dans l'une des fermes, par dix-huit vigoureux chevaux belges, dans l'autre, par vingt-cinq paires de bœufs de Bohême. Mais, en outre, toutes deux disposent d'une force mécanique considérable produite par une petite rivière qui descend du Hartz et actionne une turbine de 100 chevaux; de plus, s'il est nécessaire, deux machines à vapeur, l'une de 200, l'autre de 66 chevaux envoient de l'énergie électrique dans toutes les parties des deux fermes où elle est nécessaire, et donnent de la lumière aux bâtiments et au village de Ringelheim. Les principaux instruments de la ferme sont donc à moteur électrique, tels les hache-fourrage, telle aussi la laiterie, où 2000 litres de lait sont quotidiennement transformés en beurre. A côté de la laiterie, est un laboratoire où, une fois par semaine, on analyse le lait de chaque vache.

Le poids de betteraves obtenu par hectare s'élève à 30000 ou 35000 kilogrammes; leur richesse en sucre est de 15 à 17 p. 100; le poids des feuilles d'un hectare de betteraves est de 24000 à 25000 kilogrammes. En Saxe, on arrive à 40000 kilogrammes de racines et à un poids moindre de feuilles. A la betterave, on fait succéder une récolte de blé de printemps (blé de Bordeaux). Depuis longtemps, on a renoncé aux blés d'automne, trop souvent éprouvés par les rigueurs de l'hiver. La sucrerie où les racines sont conduites appartient à un syndicat d'agriculteurs dont M. Vrede est le président.

Autrefois, les cultivateurs enterraient les feuilles de betteraves et faisaient ainsi un engrais vert; plus, récemment, on les mettait en silos où elles fermentaient, puis, on les donnait à cet état au bétail; les travaux des stations agronomiques ont démontré que l'ensilage leur faisait perdre 30 à 40 p. 100 de leur valeur nutritive. Alors, depuis trois à quatre ans, on se met à les dessécher. 1 000 kilogrammes de feuilles fraîches donnent 180 à 200 kilogrammes de feuilles desséchées. MM. Vrede ont ainsi à sécher, en quelques semaines, plusieurs milliers de tonnes de feuilles de betteraves. A cet effet, ils ont construit, il y a trois ans, un vaste bâtiment où est installé un séchoir à cylindre tournant, à alimentation automatique, chauffé au coke, où, en brûlant par jour 10 000 à 12 000 kilogrammes de combustible, on peut faire passer près de 100 000 kilogrammes de feuilles. Tout auprès de ce volumineux appareil est le magasin de feuilles desséchées, fourrage fort appétissant qui représente une valeur nutritive de 10 à 11 francs par 100 kilogrammes, comparativement au meilleur foin; comme MM. Vrede n'en produisent pas moins de 6 000 quintaux métriques, ils ajoutent par là une recette de 60 000 francs au produit brut de leurs récoltes. Il faut naturellement en déduire le prix du combustible et l'amortissement de l'appareil, qui doit être calculé fort large, car M. Vrede n'hésite pas à me dire qu'il est enchanté de cet instrument, l'un des premiers construits en Allemagne, mais que, dès qu'il s'en fera de meilleurs, il le sacrifiera pour en acheter un neuf.

Beaucoup de contempteurs des méthodes scientifiques en agriculture pourraient sourire, sceptiques,

La tonte électrique des moutons. *(Cliché Siemens-Schuckert.)*

à cet exposé, s'il n'y avait les chiffres. Et voici les chiffres.

J'ai parlé des 45 millions de tonnes de pommes de terre. Je ne puis passer sous silence la production allemande du sucre de betterave. En 1883, la fabrication de l'Allemagne et celle de la France étaient à peu près équivalentes, 450 à 500 milliers de tonnes; aujourd'hui, la France arrive à 750 000 tonnes; l'Allemagne, a atteint en 1910 2 424 840 tonnes, soit près du tiers de la production mondiale; et cela, tout en augmentant dans une mesure plus ou moins forte, ses autres cultures agricoles.

Les marchés des sucres sont Hambourg, par où ils s'exportent, et Magdebourg, centre de la région betteravière. C'est dans cette dernière ville que se trouvent les principaux ateliers de construction pour appareils de sucrerie.

Autour de cette grande ville, s'étendent à perte de vue les champs alternés de betteraves et de blé. Sans haies, sans routes, sans maisons isolées, sans abois de chiens, ils sont mélancoliques et mornes; il faut réfléchir qu'ils valent 8 000 à 10 000 francs l'hectare pour leur trouver du charme. Cependant, à les traverser, une distraction vous attend; à tout instant, on fait partir quelque lièvre qui, en galopant, en lève d'autres; on assiste à un steeple agrémenté de bruyantes envolées de perdreaux.

La chasse de tout ce gibier n'appartient pas aux maîtres du sol (à moins qu'ils ne soient propriétaires de 500 hectares), mais à la commune qui la loue pour son compte, à beaux deniers, à des particuliers riches ou à des sociétés. Quant au braconnage, il est inconnu; d'abord, parce que le braconnier serait considéré par la population comme un ennemi commun, puisqu'il s'attaque au bien de tous, ensuite, parce que les peines qui le punissent sont tellement sévères qu'une récidive ou deux de sa part en feraient sans merci un détenu perpétuel. D'où il résulte que le gibier est un revenu nullement négligeable pour les campagnes allemandes.

Les travaux de Kellner vont probablement modifier, ou plutôt diminuer la production annuelle du sucre de betteraves. Le savant professeur ayant en effet démontré la grande valeur alimentaire des féculents et des sucres, il apparaît dès lors inutile à beaucoup de fabricants de retirer de la betterave les derniers centièmes de sucre, si difficiles à obtenir purs; ils estiment qu'ils auront intérêt à laisser dans la pulpe, destinée à retourner dans l'œsophage des animaux, une partie de ce sucre, que les éleveurs leur payeront proportionnellement à sa quantité. Ils éviteront ainsi la surproduction sucrière, toujours à redouter, et fourniront au bétail un surcroît de denrées alimentaires dont il est toujours à court.

Les pays qui exportent du bétail et des grains ne font ni plus ni moins que manger leur fonds avec leur revenu, car ils aliènent pour toujours, sous cette forme, l'acide phosphorique, la potasse et l'azote de leur sol, l'azote surtout, qui est l'élément le plus coûteux à obtenir.

Toute contraire est l'exportation agricole allemande: car elle n'envoie au dehors que des produits transformés, transformation qui, d'une part, fait vivre de nombreux industriels et ouvriers, et, d'autre part, retient sur la terre nationale les trois précieux éléments. Les grands produits d'exportation agricole allemands sont le sucre, l'alcool, la bière et le beurre, toutes denrées qui ne contiennent à peu près ni phosphate, ni potasse, ni azote. Ces éléments sont séparés pendant la fabrication et, soit directement soit par le tube digestif des animaux, retournent au sol.

Voilà une des causes de l'augmentation de fertilité du pays. Mais une autre, plus prépondérante encore, est la phénoménale consommation d'engrais que les agriculteurs allemands livrent à leurs cultures. En sels de potasse de Stassfurt, 2 600 0000 tonnes, c'est-à-dire presque la moitié de la production mondiale; en phosphates, 2 millions de tonnes de superphosphates et plus de 900 000 tonnes de scories phosphatées; en matières azotées, le tiers de l'importation du nitrate de soude du Chili, soit 600 000 tonnes, le quart des tourteaux de graines oléagineuses qui, des pays d'outre-mer, viennent en Europe, c'est-à-dire 1 400 000 tonnes. Quant au sulfate d'ammoniaque, en grande partie extrait de la houille, l'Allemagne en consomme les trois quarts de sa production. Or cette production croît à pas de géant. En 1900 l'Angleterre en produisait 240 000 tonnes, l'Allemagne 130 000; en 1910, l'Angleterre en a extrait 369 000 tonnes et l'Allemagne 374 000, tandis qu'en France nous en produisons à peine 50 000 tonnes.

L'on voit donc que si la culture allemande ne parvient pas à nourrir ses 64 millions d'habitants, il n'y a point de reproche à lui adresser; c'est vraiment qu'ils ont un appétit excessif et qu'ils sont trop.

mais, du moins, c'est de l'argent gagné par des gens qui ne sont point millionnaires.

En 1880, Berlin n'avait pas tout à fait 800 000 habitants, aujourd'hui, l'agglomération, Charlottenbourg compris, dépasse 2 400 000. Or, pendant que l'on élevait des maisons pour les 1 600 000 nouveaux venus, on profitait de l'occasion pour démolir et reconstruire celles des anciens, si bien qu'on a peine à trouver des immeubles vieux d'un demi-siècle, et je mets en fait qu'il n'est pas une maison dans Berlin, sauf les édifices publics, qui ait vu défiler la Grande Armée, en 1806.

Ces maisons nouvelles sont d'un style échevelé et d'une diversité systématique qui forme un ensemble nullement déplaisant. On a pu dire qu'une artère berlinoise ressemble à une rue d'exposition universelle, appréciation bien plus juste encore que son auteur ne le croit. A les regarder de près, ces immeubles, mastodontes ou dégingandés, sont des carcasses fragiles: du ciment armé au lieu de carton-plâtre, voilà ce qui les distingue des palais du Champ-de-Mars. Au bout de quelques années, on ne compte plus les brèches, les fissures, les lézardes; les parquets sont gondolés, les portes ne ferment plus, les plafonds se détachent. Qu'importe, disent les Berlinois; pourvu que nos maisons soient bien éclairées, bien chauffées, hygiéniques et bon marché, leur but est atteint; elles ne sont pas faites pour durer; les générations qui nous suivent auront d'autres besoins, d'autres goûts — et peut être un autre goût, souhaitons-le.

Pas faites pour durer! Sagesse de nos pères qui voulait voir dans les prêts hypothécaires un placement de tout repos, quel mécompte sera le vôtre si, au bout de trente ans, vous n'avez plus pour gage qu'un décor de théâtre troué comme une écumoire!

On dit, cependant, qu'il y a en Allemagne pour 50 milliards d'immeubles hypothéqués. Qui a bien pu prêter tant d'argent?

On doit faire exception pour les monuments publics, les sièges des banques et des grandes sociétés, tous en belle pierre dure dont le temps n'aura pas facilement raison.

Chaque immeuble est construit en vue d'une destination déterminée: une maison à loyers autrement qu'un hôtel, un magasin autrement qu'un restaurant. Les devantures des boutiques sont de dimensions extraordinaires en tous sens, munies de glaces aussi grandes que le commerce peut les livrer. Il importe de rendre maxima la place affectée à l'étalage; on s'ingénie à supprimer les panneaux et les soubassements pleins; d'habiles expédients font du sous-sol une seconde devanture bien en vue. La porte d'entrée du magasin est reléguée dans l'allée de la maison, afin de ne pas diminuer l'étalage de la place qu'elle occuperait sur la façade. Le soir, l'éclairage est éblouissant et, grâce à la disposition très étudiée des foyers lumineux, la vitrine prend l'aspect d'un diorama.

Pour construire les immeubles importants, on se sert d'échafaudages métalliques, poutres de fer verticales fichées en terre, reliées par d'autres poutrelles horizontales continues, tout au long de la façade, contreventées de tirants en rondins de fer et arc-boutées, en dedans de la construction, par des contrefiches. Cet assemblage métallique sert de soutien à un ou plusieurs pylônes qui s'élèvent plus haut que le toit et supportent des grues électriques. Tous les matériaux de construction, amenés par des camions, passent successivement par la volée de ces grues et sont déposés au niveau des étages supérieurs sur des wagonnets Decauville, supportés par les échafaudages, et qui desservent toute la surface de l'immeuble.

En bas, une puissante bétonnière à moteur malaxe du béton et du mortier pour les diverses parties de la construction.

Grâce à ce procédé très généralement employé et au grand nombre de maçons qu'il permet d'approvisionner à la fois de matériaux, les constructions s'élèvent comme par enchantement.

Bien que les Allemands exigent qu'elle soit pourvue de raffinements irréprochables de confort et d'hygiène, l'habitation est à bon marché pour deux motifs: parce qu'on la construit à peu de frais et qu'on la décore pour ainsi dire mécaniquement, ce qui ne veut pas dire artistiquement, et parce que la ville n'est pas ou n'est plus *centrée*; ni collines, ni fleuve, ni enceinte fortifiée ne la gênent: elle a pu se développer librement dans tous les sens. Le nombre, la rapidité, le bas prix des moyens de communication permettent d'habiter pratiquement à peu près où l'on veut; dès lors, les habitants ne s'agglomèrent pas en grappes comme en certaines capitales. Dans ces derniers temps, il s'est construit à Berlin pour 240 millions d'immeubles par année.

Quelque cent cinquante lignes de tramways, d'autobus ou d'omnibus sillonnent Berlin; pour 10 ou même 5 pfennigs, on va où l'on veut, sans bousculades, et sans encombrement; les véhicules doivent toujours avoir de la place; les compagnies ne reculent pas devant leur nombre, ni devant le confortable offert aux voyageurs. Ajoutons-y les deux lignes métropolitaines.

Par là tendent à se niveler le prix des terrains et la valeur locative des habitations.

En prolongeant les services très avant dans la nuit, les Sociétés de transport ont habitué les Berlinois à un noctambulisme qu'on ne retrouve guère ailleurs; à une heure du matin, il y a autant de monde dans les rues et les cafés qu'à Paris à dix heures du soir. Favorisant de plus en plus cette tendance, les transporteurs ont organisé certaines lignes pour ne s'arrêter ni jour ni nuit. Je me rappelle très bien l'époque où on se couchait à Berlin à des heures normales: aujourd'hui, quand on regagne son hôtel avant minuit, le portier s'informe, avec sollicitude, si vous êtes souffrant. C'est l'œuvre des tramways; la fonction a créé l'organe.

Tout le monde sait qu'à Berlin règne une profusion de statues et qu'elles abusent des attributs guerriers: sabres, canons, grenades, casques et cuirasses. Les modernes sont moins menaçantes, mais leur floraison ne diminue pas; à chaque instant, on en découvre de nouvelles. Toutefois, c'est un côté de l'art qu'aujourd'hui les Allemands traitent bien; les proportions en sont grandioses, les attitudes nobles et naturelles, les emplacements bien choisis et, enfin, les personnages ne sont pas des inconnus, ce sont les mêmes qu'on retrouve partout.

On dit que Guillaume II a un goût très vif pour les monuments commémoratifs et l'Impératrice pour les édifices religieux. Quand un homme chauve salue un ami, ce dernier s'empresse de lui faire recoiffer son chapeau en disant :« Cachez cette place nue, si l'empereur la voit, il y élèvera une statue, et si c'est l'impératrice, elle y fera bâtir une église. » Et de rire largement.

J'ai peine à croire cependant que ce soit l'empereur qui fasse dresser tant de monuments à la mémoire de Bismarck; c'est plus qu'un engouement, c'est un débordement et non seulement d'effigies, mais de tours, de pyramides et de portiques; on lui élèvera bientôt des temples. Depuis la statue de 40 mètres de haut qui domine le port de Hambourg jusqu'à l'image à 10 pfennigs qui orne la demeure du pauvre, on ne voit que lui, toujours lui. Dans les halls de banques, il est rare de ne pas trouver une liste de souscription pour quelque monument dédié au terrible fondateur de l'unité germanique. Les Allemands lui attribuent leur réussite et mettent sous son invocation leurs travaux présents et à venir. Dans nombre de maisons particulières se détache au-dessus du bureau du maître, un triptyque représentant Luther, Gœthe, Bismarck.

Parmi les innombrables monuments neufs de Berlin, il en est un devant lequel on passe bien souvent en métropolitain, près de la *place de la Belle-Alliance*; aucun ne joue un plus grand rôle dans l'industrie allemande. C'est le *Patentamt*, institution de l'empire.

Depuis la loi allemande de 1877 sur les brevets, remaniée en 1891, le Patentamt en est à son quatrième domicile; il faut espérer que celui qu'il occupe maintenant depuis deux années, qui couvre 30 000 mètres, suffira à l'examen des trente-cinq mille brevets annuels qui lui sont soumis, auquel travaillent plus de douze cents ingénieurs, juristes ou employés.

Le législateur de 1877, qui se trouvait en présence de six ou sept mille demandes annuelles, pouvait-il prévoir une pareille progression? et s'il l'avait prévue aurait-il édicté la loi de l'examen préalable des brevets? Oui, répond-on, et on en justifie l'économie.

« Des brevets sont délivrés pour les inventions nouvelles, susceptibles d'une utilisation industrielle; ils sont soumis à un examen préalable. » Les autorités investies de cet examen sont le Patentamt, à Berlin, et, en appel, le tribunal suprême de l'Empire, à Leipzig (Reichsgericht).

Les motifs et avantages de ce système sont, en raccourci, que les demandes de brevets étant officiellement publiées, les opposants éventuels les peuvent étudier et repousser par tous les moyens; car l'Etat ne doit pas accorder de brevets aux inventions non brevetables, afin que les chercheurs de découvertes, ne soient pas arrêtés dans leurs travaux par des brevets antérieurs délivrés sans fondement. Le droit d'un brevet non examiné ne repose sur rien; il est précaire et discutable.

Le système de l'examen force l'inventeur à décrire fidèlement son invention et, si elle résiste à l'examen, le brevet acquiert immédiatement une réelle autorité. L'examen, en outre, fait connaître les antériorités ignorées du demandeur. Si l'on veut que l'Etat se charge de protéger efficacement un brevet, il ne peut le faire que s'il l'a examiné préalablement. Et la loi allemande estime qu'il a ce devoir; faisant payer une taxe à l'inventeur, il lui doit en échange une protection; si, sans la lui accorder, il lui impose la taxe, il prélève une prime abusive sur le malheureux demandeur pour l'insignifiante formalité d'un enregistrement sans valeur.

Telle est la théorie allemande, qui a été adoptée par toutes les grandes nations industrielles: l'Angleterre, l'Autriche, l'Italie, la Russie, etc. Le système de non-examen que la France maintient a, de son côté, pour défenseurs quelques gouvernements: le Mexique, l'Uruguay, la Tunisie et la république de Costa-Rica[1].

1. La loi sur les brevets allemands a été étudiée, expliquée et commentée dans un ouvrage d'une remarquable clarté, par M. Bonnet, ingénieur de l'École centrale de Paris et docteur en droit. Paris. 1902.

Mais on pense bien qu'une pareille institution ne fonctionne point sans complexités.

Le Patentamt se compose d'un président, de trois directeurs et d'un grand nombre de membres, ingénieurs et juristes, tous nommés par l'empereur. Ce sont des élèves diplômés des hautes écoles polytechniques et des professeurs d'Université. Au-dessous d'eux, une armée d'employés subalternes, copistes, dessinateurs, etc., etc.

Tout cet état-major est divisé en trois sections: 1° de l'examen préalable; 2° des annulations; 3° des recours. Chaque section est elle-même partagée en plusieurs catégories, correspondant à des spécialités industrielles distinctes. L'ensemble des compétences des techniciens doit couvrir tout le domaine de l'industrie.

La demande de brevet est présentée au Patentamt en langue allemande, par le demandeur lui-même s'il est allemand, par un agent de brevet berlinois, s'il est étranger. Ces agents forment une corporation soumise à des règlements déterminés. La demande est enregistrée, puis répartie, par un bureau spécial, à la section compétente. Celle-ci nomme dans son sein un examinateur. C'est ce dernier qui, aidé de secrétaires et agents inférieurs, va faire tout le travail, travail énorme de recherches, facilité par l'ordre avec lequel sont rangés dans la bibliothèque tous les brevets délivrés depuis l'origine dans toutes les nations du monde.

Si l'examen révèle des vices ou des antériorités, l'examinateur appelle l'inventeur, les lui signale, discute; au besoin, on fait des essais; il y a au Patentamt des laboratoires de chimie, de mécanique, d'électrochimie. Il faut donner à l'inventeur des garanties de compétence et d'impartialité. Si l'examinateur ne se rend pas, la section est saisie et se prononce, avec récusations de plusieurs membres par l'intéressé s'il le demande; le brevet est accepté ou rejeté sauf appel.

L'examen est-il favorable, la section délivre à l'intéressé la pièce qui lui confère le brevet. Mais les difficultés ne sont pas closes: le brevet est publié dans le *Moniteur de l'Empire*; dès lors, les opposants ont deux mois pour faire valoir leurs objections, lesquelles suivent la même filière que la demande. Enfin, si elles ne se présentent pas ou sont réfutées, le demandeur obtient son brevet définitif.

L'aperçu sommaire des travaux les plus simples du Patentamt montre quelle en est l'étendue.

Quel est le droit conféré à l'intéressé par cette décision? Les sentences du Patentamt sont exécutoires par les tribunaux; l'inventeur peut faire affirmer son droit par une simple constatation; des mesures provisoires et des poursuites suivent immédiatement, et les peines qui punissent la contrefaçon sont graves et onéreuses.

Dirai-je maintenant l'organisation intérieure de cette immense ruche? ces vastes salles de réunion où, une fois par semaine, se rassemblent tous les membres pour discuter des questions générales ou des cas délicats, ces prétoires, ces cinq cents bureaux, cette bibliothèque où travaillent des centaines et des centaines d'agents, de copistes, de dessinateurs et, parmi eux, une quantité de jeunes filles? Non, certainement; mais je veux remercier les hommes de science et de travail qui gouvernent cet établissement de l'obligeance avec laquelle ils en expliquent le fonctionnement.

L'Association des ingénieurs allemands, fondée en

1856, peut être considérée comme le corps directeur des travaux publics et de l'industrie. Son siège est à Berlin, mais elle rayonne dans tout le pays par des filiales nombreuses et actives. Ces filiales, au nombre d'une cinquantaine, comptent plus de 20 000 membres sur les 23 500 que renferme l'association. Son budget dépasse 1 500 000 francs. Le siège social de Berlin n'est autre chose qu'un secrétariat et un bureau de rédaction du bulletin hebdomadaire de la Société. Les réunions et conférences se font dans la grande salle de l'Ecole polytechnique de Charlottenbourg, qui peut recevoir plusieurs milliers de personnes.

L'action de la Société des ingénieurs allemands est incessante et s'applique à tous les objets de sa compétence. Tout ce qui a trait aux chemins de fer, aux ports, aux canaux, aux routes leur est soumis; ils se réunissent en commun, étudient chaque question et donnent leur avis et, comme il n'y a entre eux nulle petite église fermée, puisque la formation de tous est identique, l'administration tient ordinairement leur opinion exprimée pour la résolution à suivre.

C'est à l'Association des ingénieurs allemands que le pays doit, entre autres, la magnifique organisation de ses écoles supérieures et de ses technicums. L'influence ainsi prise par une association qui n'a rien d'officiel dans les grandes questions intéressant le pays est très caractéristique.

Dans un domaine moins élevé, mais non moins pratique, l'Association des ingénieurs établit et maintient le *normalisme* de tous les organes mécaniques, boulons, robinets, valves, niveaux, etc., de façon à en assurer l'interchangeabilité. Une commission de la Société est chargée de ce service. Naturellement ses prescriptions n'ont pas force de loi, mais comme un fabricant qui ne s'y soumettrait pas risquerait de ne jamais voir un acheteur, le résultat est le même.

Sur certains points cependant, les décisions de la Société des ingénieurs sont obligatoires, c'est en ce qui regarde par exemple les chaudières, et prochainement, paraît-il, les ascenseurs.

La volonté de tout résoudre méthodiquement et scientifiquement s'attaque à tous les problèmes et ne recule devant aucune complication. Il est peu probable que l'on ait, ailleurs qu'en Allemagne, essayé de tirer parti, comme je vais l'indiquer, des ordures ménagères.

Tout d'abord, l'enlèvement de ces ordures est assujetti à une foule de prescriptions: boîtes fermées, caisses fermées, voitures fermées qui se chargent au moyen d'une trappe, laquelle se referme automatiquement. Mais cela ne satisfaisait pas le désir de tout utiliser. Alors on a imaginé, très récemment, de faire faire, par les habitants eux-mêmes, le triage de leurs déchets. Ce système fonctionne à Charlottenbourg sous le nom de « *Dreiteilung* » qui veut dire trois compartiments. En conséquence, chaque habitant doit être pourvu d'une caisse à couvercle à trois compartiments; dans l'un, il jette les cendres et poussières; dans le second, les déchets non alimentaires, chiffons, papiers, ferrailles; dans le troisième, les déchets alimentaires. Une disposition ingénieuse permet de vider ces trois compartiments dans trois caisses distinctes placées dans la cour de l'immeuble; puis trois voitures passent qui se chargent chacune d'un élément différent.

Les cendres sont portées au remblai; les débris du second compartiment sont du domaine du chiffonnier; enfin, les débris d'aliments, en vue desquels toute l'opération est imaginée, servent à nourrir, après cuisson, des milliers de porcs.

On n'a pas manqué de dresser des statistiques des poids respectifs de ces matières, de la valeur alimentaire des résidus, etc. Ce travail a été fait par le professeur docteur Thiesing. J'y relève que le poids des cendres et poussières est de 67 p. 100; celui des débris non alimentaires, 17 p. 100; des débris alimentaires, 16 p. 100. Et ce qui est plus germanique que tout le reste, c'est qu'on n'a eu aucune peine à dresser les habitants à ce surcroît de besogne domestique. Un arrêté de police, une circulaire précisant la classe de chaque produit et l'habitude était prise.

Cette obéissance de l'Allemand provient, sans doute, de son esprit de discipline, mais, plus encore, de la confiance qu'il a en son administration. Il sait que, au point de vue municipal tout au moins, les mesures prescrites sont dans l'intérêt de tous; et il a la raison de comprendre que l'individu doit se sacrifier à la collectivité. Et, en ces questions municipales, il n'y a ni parti politique, ni parti religieux, ni socialisme: celui qui en ferait état ne serait pas compris.

Le bourgmestre n'est point un personnage politique, c'est un professionnel de cette fonction, appelé d'une ville à une autre par les édiles quand ils lui reconnaissent des qualités administratives. Il est proposé par eux, mais nommé par le gouvernement de l'Etat où se trouve la ville. Il est, pour ainsi dire, le directeur d'une société dont les conseillers municipaux sont les administrateurs, avec cette différence qu'ils ne peuvent ni le nommer, ni le révoquer sans l'assentiment de l'Etat. Le Conseil municipal est élu au suffrage restreint.

Je répète encore que les Allemands lisent beaucoup; ne reculent même pas devant la lecture de

(Cliché Borsig.)

Riveteuse hydraulique géante, à l'usine Borsig.

chiffres et s'assurent ainsi que ces dépenses, ces complications auxquelles donne lieu la poursuite de l'idéal hygiénique ne sont point sans résultats, puisque la mortalité de Berlin a passé de 21,24 p. 100, en 1895, à 16,75 p. 100 en 1906; une grande partie de cette diminution porte sur la mortalité infantile: 8,60 p. 100 en 1895, 4,80 p. 100 en 1906. La phtisie a diminué de 40 p. 100. Les races du Nord sont plus sensibles que celles du Midi aux conditions bonnes ou mauvaises de l'hygiène. Elles sont moins résistantes aussi, et leur perpétuel besoin de s'alimenter est un indice de faiblesse.

CHAPITRE XIII

Berlin *(suite)*

La fabrique de locomotives Borsig. — 3 000 machines-outils dans le même atelier. — Les grues trotteuses. — Un gazomètre géant. — Les constructions électriques. — Un train électrique à 210 kilomètres à l'heure. — Le banquier a confiance dans l'industriel allemand, et l'industriel allemand en l'avenir. — Fleurs et fruits par un temps de neige.

Au début de 1908, on pouvait rencontrer dans les rues de Berlin de petits détachements d'ingénieurs français occupés à la réception de locomotives pour le compte de nos grandes compagnies de chemins de fer. Fait surprenant au premier abord, dont tous les journaux allemands faisaient gloire à leur pays. La France n'a-t-elle donc pas d'ateliers de constructions de locomotives? Si fait, elle en a; seulement voilà: Au cours des années antérieures, ces compagnies, contrôlées par l'Etat, avaient beau lui signaler une disette de matériel, l'Etat, redoutant la garantie d'intérêts, restait sourd à leurs demandes. Pendant ce temps, les constructeurs français se morfondaient sans commandes. Mais le jour où le grand essor de 1906-1907 se produisit, la situation ne fut plus tenable; il fallut commander dare-dare des machines et en grand nombre. A ce moment, les constructeurs, débordés de travail, demandèrent des délais considérables; on dut s'adresser à l'étranger. Rien de tout cela ne fût arrivé, et la France aurait exécuté les commandes françaises, si, en haut lieu, on avait suivi le précepte: « Profitez des moments de dépression industrielle pour mettre au point votre matériel. »

Donc, ces ingénieurs se dirigeaient chaque matin vers les ateliers de Borsig, situés à 10 kilomètres au nord-ouest du centre de la ville.

J'avais connu l'usine Borsig, il y a quelque vingt-cinq ans, presque au milieu de Berlin; elle n'était pas alors la première maison de construction de locomotives du continent. Depuis douze ou quinze ans, elle s'est transportée à Tegel, où elle occupe une place démesurément grande.

La grande rue qui y conduit traverse des quartiers absolument neufs, et longe pendant des kilomètres des rangées de maisons d'ouvriers dont les plus anciennes n'ont pas huit ans. Ce sont des immeubles à quatre ou cinq étages, propres, larges, confortables; la plupart des logements ont un grand balcon, un balcon qui est un véritable parterre en saillie de 2 à 3 mètres sur la rue, où les enfants jouent, où les femmes travaillent comme en un jardinet. Il est à remarquer que les règlements de police qui proscrivent impitoyablement tout empiétement des boutiques, cafés ou magasins sur les trottoirs, sont d'un libéralisme extrême pour les saillies des étages supérieurs sur la rue. Une terrasse de café gêne la circulation, un balcon ou un bow-window, si large qu'il soit, ne gêne personne.

La zone des maisons finit brusquement pour faire place aux dunes de sable et aux bois de pins; et quelques kilomètres plus loin, on voit fumer les cheminées de Borsig.

La firme Borsig est une des très rares grandes affaires qui ne soient pas en société par actions; elle appartient aux petits-fils de son fondateur (1837), MM. Ernest et Conrad Borsig, récemment anoblis, qui y travaillent comme les premiers de leurs employés.

Tegel, avec ses cinq mille ouvriers, n'est pas leur principal établissement; ils possèdent, en Silésie, des houillères, des hauts fourneaux et des forges qui en occupent deux fois autant.

Quand on visite une usine allemande, on vous prie généralement d'inscrire vos nom et qualité sur un registre. Les visiteurs de l'usine Borsig forment l'ensemble le plus cosmopolite que l'on puisse rêver. On y voit, cela va sans dire, une forte majorité d'Allemands, puis des Russes, des Autrichiens, des Suédois et Danois en très grand nombre; viennent ensuite les Japonais, les Italiens, les Belges, les Américains et les Anglais; il y a même trois ingénieurs chinois. La France est aussi représentée par un ingénieur et un élève de Centrale et quelques Parisiens sans profession; c'est, à peu de chose près, la proportion que je retrouve partout.

Fréquemment, plusieurs pages du registre sont accaparées par un groupe de noms de même profession; c'est un polytechnicum, une université, un technicum dont les élèves sont venus s'instruire sous la conduite de leurs professeurs. Dans un autre folio figurent une centaine d'employés de la firme d'électricité Siemens et Halske.

On construit chez Borsig des locomotives, des presses hydrauliques et des pompes, des machines à vapeur, des chaudières et des machines à glace. La maison peut livrer quatre cents locomotives par an. Nulle part, je n'ai vu pratiquer le travail en série comme dans cette fabrication. Ainsi, les longerons de machines, plaqués les uns sur les autres, à raison de six, huit ou dix, sont fraisés tous ensemble; mais on ne se contente pas de faire agir une seule fraise, on en dispose trois sur la longueur d'un longeron; ces fraises sont montées dans un seul bâti sur lequel elles sont déplaçables en tous sens.

Une des spécialités de la maison est de faire tous les alésages et dressages à la fraise; c'est plus rapide et plus rigoureux.

Les trous destinés à recevoir les tubes dans les têtes de chaudière sont percés par une machine qui en perfore simultanément une douzaine. L'écartement des perforateurs hélicoïdaux est variable à volonté et ils peuvent trancher une épaisseur de tôle de 60 millimètres.

On emploie concurremment les rivetages pneumatique et hydraulique. Ce dernier a donné lieu à une installation remarquable et récente. Etant donnée une virole de tôle à river, la pièce est enlevée par une grue hydraulique, verticalement, à n'importe quelle hauteur; on fait passer la tôle entre le pointeau de rivure et le contrepointeau, et la grue déplace la pièce de haut en bas ou horizontalement, pour présenter successivement tous les trous au pointeau, lequel est fixe. Ce pointeau est actionné par une force hydraulique qui lui communique une pression de 70 000 kilogrammes sur la tête de rivet. La force hydraulique est produite par une pompe et emmagasinée dans un énorme accumulateur. Par suite d'un dispositif spécial, la dépense d'eau à chaque coup de pointeau est réduite au minimum.

Dans l'atelier des presses règne une activité extraordinaire; le travail abonde; on peut voir en exécution des commandes pour beaucoup de grands ateliers d'Europe, le Creusot, les chantiers de la marine italienne; entre autres, une majestueuse presse horizontale de 1 000 tonnes.

Ailleurs, une presse de 500 tonnes sert à faire d'une seule pièce des tubes de cuivre ou de bronze, pris dans une masse de métal chauffé à 200 ou 300°; un système breveté par M. Astfalck, ingénieur en chef de la maison.

Un grand marbre de 250 mètres carrés peut recevoir de nombreuses pièces à la fois, que des machines diverses travaillent simultanément.

Mais l'atelier le plus extraordinaire est celui des machines-outils, au nombre de plus de trois mille. Cet atelier, qui couvre plusieurs hectares, est divisé comme un damier par une multitude de voies ferrées qui se croisent à angles droits avec plaques tournantes; sur ces voies, des wagonnets à trolleys et sur ces wagonnets de petites grues électriques qui viennent déposer ou reprendre à bras tendu au droit de chaque outil les pièces en fabrication.

De distance en distance, une place est vide sur l'échiquier, c'est un outil que l'on a réformé pour le remplacer par un plus nouveau; et l'usine n'a pas plus de douze ans!

Dans un hall spécial se fait le polissage des pièces à l'émeri; toutes les combinaisons possibles sont appliquées aux dispositions des meules; ainsi, certaines sont placées comme des roulettes au bout d'un bras d'acier à double genouillère; le bras s'agite et la roulette de feutre sertie d'émeri tourne et se promène automatiquement en tous sens sur la pièce à fourbir.

Dans le même atelier on alèse à la fraise des coulisses de Stephenson en arc de cercle. La fraise est fixe, mais la coulisse à aléser tourne autour d'un point fixe éloigné, centre de l'arc de cercle.

Dans l'atelier de la forge, une très intéressante nouveauté: c'est une presse de 1 200 tonnes (faisant fonction de marteau-pilon) brevetée sous le nom de presse hydro-vapeur, parce que la compression de l'eau commence au moment même de l'action du liquide par un piston à vapeur: on y voit encore une presse à forger hydraulique extra-rapide donnant environ quatre-vingts coupes à la minute.

Remarquables aussi les quatre machines servant à détacher sur un lingot au rouge et à forger d'un seul coup des boulons, écrous, ou toutes autres pièces, jusqu'à un diamètre de 20 centimètres.

A la fonderie, je remarque que la plupart des grands moules sont faits de briques reliées et habillées de sable. Dans la salle des machines, une turbine a été tout récemment placée qui utilise les échappements de vapeur des machines, elle actionne directement une dynamo qui débite 2000 ampères à 200 volts. A côté sont les pompes alimentant les presses hydrauliques: 3 pistons refoulent l'eau à 200 atmosphères; les corps de pompe sont en acier, non coulé, mais forgé.

Enfin, voici le hall des locomotives achevées: elles sont en grand nombre, les unes non encore peintes, les autres, leur toilette achevée, prêtes à sortir. Il y en a de tous les types, des lourdes et des légères, des trapues et des élancées, des naines et des géantes. Une demi-douzaine me frappent par leurs allures plus élégantes, plus distinguées. Ce sont des locomotives P.-L.-M. du type à boggie et à six roues couplées qu'on voit au Mont-Cenis ou sur la ligne de Pontarlier; on a plaisir à retrouver là un modèle bien français, qu'on aimerait encore mieux voir exécuter dans le pays où il a été dessiné; mais en regardant ces machines de près, il me semble bien que quand elles rouleront à côté de leurs sœurs nées en France, il leur manquera quelque chose: cet inimitable coup de fion que l'ouvrier français sait donner aux objets.

Parmi les usines que les ingénieurs et surtout les techniciens gaziers ne manquent pas de visiter, se trouve l'établissement municipal de Charlottenbourg: il est desservi depuis A jusqu'à Z d'une façon absolument automatique, et les 23 millions de francs qui y ont été dépensés ont été employés à juxtaposer les divers systèmes de fours à cornues, entre lesquels discutent les spécialistes. On peut donc les y comparer simultanément en service; fours à cornues horizontales, inclinées, verticales.

C'est là un de ces nombreux exemples qui montrent les administrations publiques à la tête du progrès et ne reculant pas devant des dépenses fort lourdes pour tirer au clair des questions pendantes.

L'usine à gaz de Charlottenbourg, quoique neuve, est, comme toutes les usines à gaz d'Allemagne, en voie d'augmentation. Charlottenbourg étant une ville aristocratique et riche, il s'y consomme 40 à 50 millions de mètres cubes par année.

Le charbon y arrive par bateau sur la Sprée; des grues à cuiller le saisissent, le versent dans des wagonnets aériens qui l'amoncellent en tas sur une sole bétonnée de 150 mètres de longueur. Au fur et à mesure de la consommation, il est saisi par d'autres cuillers suspendues à des ponts roulants et versé sur des rubans translateurs qui le portent automatiquement dans des jauges au droit de chaque cornue. Quand la distillation est achevée, le coke est évacué sur un ruban transporteur inférieur, passe en cours de route sous une douche qui l'éteint, et est emmené sur une autre sole bétonnée où il s'amoncelle plus ou moins, suivant les demandes.

Il me souvient à ce propos d'avoir lu dans une relation de voyage en Allemagne, ou ailleurs, que le coke est refroidi par un torrent d'eau que l'on

(Cliché Siemens-Schuckert.)

Usinage d'un bâti à l'aide de perçeuses électriques mobiles, dans les ateliers Siemens-Schuckert.

projette dans la cornue à gaz (?) L'imprudent auteur ne se doute pas que si on l'eût prié de se tenir auprès du four pendant cette opération, il n'aurait, hélas, pas pu la décrire le lendemain.

Les Allemands qui font des statistiques sur toutes choses devraient nous apprendre combien de millions de tonnes de houille sortent des puits pour aller, près ou loin, s'évanouir en fumée sans jamais avoir été touchées par une pelle.

Comme tous les appareils industriels, on construit les gazomètres de plus en plus grands. Charlottenbourg en a un de 165 000 mètres cubes, 75 mètres de diamètre sur 40 mètres de hauteur; c'est le plus grand de l'Allemagne en attendant que Berlin en ait achevé un de 215 000 mètres cubes.

Il est d'usage constant dans tout le pays de couvrir la nudité de ces vastes surfaces de tôle d'une parure esthétique en briques: esthétique et même somptueuse, car ce revêtement et la toiture qui le surmonte ne sont d'aucune utilité et coûtent de 50 000 à 150 000 francs par gazomètre.

La construction des appareils électriques est une des spécialités industrielles que l'Allemagne exploite avec une fiévreuse ardeur. Plus une industrie demande de science, plus les Allemands y excellent; et c'est pour conserver cette supériorité qu'ils ont couvert le pays d'écoles électrotechniques.

Les principales sociétés de constructions électriques, d'ailleurs presque toutes syndiquées, ont à Berlin leur siège, notamment l'Allgemeine Elektrizitäts-Gesellschaft, les firmes réunies Siemens-Halske et Schuckert. Leurs immenses ateliers sont à Charlottenbourg et à Nuremberg.

Ces diverses maisons travaillent sur un fonds commun de constructions d'appareils tombés dans le domaine public et chacune de leur côté sur des brevets individuels dont elles allongent chaque année la liste.

Leur activité ne se porte pas seulement sur l'appareillage électrique proprement dit, mais sur toutes sortes d'entreprises où l'électricité peut jouer un rôle. Ainsi trouvons-nous que Siemens et Halske construisent des installations pour le touage électrique des bateaux en rivière, des voitures électromotrices, des laminoirs, des tondeuses électriques pour les moutons, etc., etc. Ce sont eux qui ont étudié et réalisé le fameux wagon automoteur qui a couvert 210 kilomètres à l'heure; ce wagon, après avoir rempli toutes les conditions imposées, attend, pour circuler entre Berlin et Hambourg, qu'on lui ait construit une voie capable de résister à une pareille vitesse. Depuis un an, ils se sont lancés dans l'étude des ballons dirigeables.

Parmi les travaux immenses et variés enfantés par la firme Siemens-Schuckert, ceux qui ont pour but la translation de l'énergie électrique à grande distance attirent vivement l'attention du monde économique et industriel. Car chacun se rend compte que l'avenir d'une masse de productions est lié à la double question de l'utilisation et du transport des forces hydro-électriques.

Tant au point de vue de la distance franchie que de l'intensité des courants, Siemens-Schuckert détiennent actuellement le record mondial.

En 1906, ils ont établi entre Kykkelsrud et Hafslund, en Norvège, une ligne électrique de 42 kilomètres de longueur avec un courant à 50 000 volts.

En 1907, ils transportaient à Munich une force de 10 000 chevaux-vapeur captée sur l'Isar, près de Moosburg, par des fils de 16 millimètres carrés de section; la distance entre les points extrêmes étant de 54 kilomètres.

Enfin, encouragés par la réussite complète de ces deux installations, ils n'ont pas hésité à construire, en 1908, la transmission la plus hardie qui existe actuellement: 30 000 chevaux transportés à 240 kilomètres, en courant polyphasé, avec des fils de 50 millimètres carrés de section, supportant une tension de 66 000 volts.

Cette colossale entreprise a été réalisée en Espagne pour le compte de la *Sociedad hidroelectrica espanola*. L'usine génératrice est à Molinar sur la rivière le *Jucar* et la force captée est envoyée dans les villes de Valence (80 kilomètres), Alcoy (80 kilomètres), Carthagène (160 kilomètres), Madrid (240 kilomètres). Le poids de cuivre employé pour la seule direction de Madrid atteint 640 000 kilogrammes.

Les cinq génératrices sont chacune de 6 000 chevaux, tournent à 430 tours et fournissent à 6 600 volts le courant que des transformateurs élèvent à 66 000.

Pour parer à l'échauffement intense produit par la transformation, on se sert d'un courant d'huile que l'on refroidit d'une façon continue dans des serpentins entourés d'eau; la quantité d'huile ainsi constamment en mouvement atteint 11 000 kilogrammes.

La réussite ayant de nouveau couronné cette entreprise, Siemens-Schuckert n'hésitent plus à proclamer officiellement qu'ils se font forts, dès maintenant, de transporter de l'énergie électrique à 100 000 volts quand l'occasion s'en présentera.

Ainsi se trouve résolu un problème d'une importance capitale pour l'industrie, solution que beaucoup d'électriciens, il y a peu d'années encore, considéraient comme pratiquement irréalisable.

Le nombre d'ateliers de constructions électriques, en Allemagne, s'élève actuellement, à plus de

1500; l'ensemble des machines livrées en 1907 représentait 731 000 kilowatts et le total des accumulateurs 129 000 kilowatts. L'exportation annuelle atteignait 200 millions de francs et le nombre des ouvriers occupés par cette industrie montait à 101 000. Sur ce nombre, l'*Allgemeine Electricitätz Gesellschaft* en comptait 30 000 en 1907 et 32 500 en 1909. Les constructions électriques n'ont pas été touchées par la crise industrielle, puisque les dividendes moyens des principales sociétés ont été respectivement de 5 p. 100 en 1902; 6,6 p. 100 en 1904; 9 p. 100 en 1906; 9,75 p. 100 en 1908. Les bénéfices ont encore augmenté en 1909.

C'est Berlin qui accapare de plus en plus le marché des capitaux, nerfs de toutes ces grandes entreprises: Francfort défend cependant avec énergie son vieux prestige financier et Hambourg est le grand marché des denrées; mais Berlin est le siège des grosses banques: la Deutsche Bank, la Disconto Gesellsch., la Dresdner Bank, la Schaffausenscher Bank verein, la Berliner Handels Gesellschaft.

Elles y occupent des palais tout neufs d'une splendeur inconnue ailleurs et perpétuellement en action d'élargissement.

Leur rôle est trop important dans le développement de l'industrie de ce pays pour qu'il puisse être passé sous silence.

Leur mission est nettement tracée. Tout établissement de crédit, fondé pour favoriser l'industrie et le commerce en Allemagne, qui drainerait l'argent du pays pour le placer à l'étranger, même en valeurs de tout repos, ne ferait pas longtemps fortune. Les banques d'émissions y sont de moins en moins nombreuses. Marchands d'argent, les banquiers cherchent à placer leur marchandise, à la placer avec le profit maximum, à la placer chez leurs nationaux, parce que les affaires nationales développent celles de leurs comptoirs, à la placer enfin avec sécurité; c'est pourquoi ils suivent attentivement les opérations et la valeur professionnelle de leurs clients, se mêlent à leur vie commerciale, étudient leur comptabilité, prennent place dans leurs conseils d'administration, en un mot, font acte de véritables commanditaires. Partageant la confiance que tous les Allemands ont en eux-mêmes, ils estiment que personne, mieux que leurs compatriotes, n'est à même de faire valoir des capitaux; aussi préfèrent-ils leur en avancer que de souscrire à des fonds d'Etat étrangers, moyen indirect mais sûr de créer des concurrents à leur propre pays.

Dire que ce système ne donne aux banquiers aucun mécompte, en dépit du sérieux de leurs études, serait proclamer l'infaillibilité humaine. En temps de crise il est grandement périlleux pour les établissements de crédit. On dit volontiers que quand un commerçant doit 15000 francs à son banquier, son banquier le tient; mais que s'il lui doit 1 million, il tient son banquier. Nulle part il n'existe une solidarité aussi étroite entre les sociétés de crédit et les affaires industrielles. Une masse de firmes ont besoin, pour subsister, du crédit des banques qui y exercent, par cela même, une autorité incontestée. Si la firme périclite, le banquier la force à liquider; quelquefois, s'en rend acquéreur et l'exploite. D'autres fois, deux banquiers obligent deux firmes concurrentes, mises à mal par cette lutte, à un rapprochement; de là l'origine d'un syndicat sauveur.

Tout le monde a encore présente à l'esprit la crise financière de 1908. Fort heureusement, personne alors n'a perdu la tête, bien que la situation ait été quelque temps fort critique. L'argent était à un prix exorbitant. Les banquiers étaient gorgés de papier d'une réalisation immédiate impossible. Par bonheur pour eux, leurs confrères de l'ouest leur vinrent en aide, escomptant à beaux deniers ce papier qui n'était point mauvais en soi. Ces valeurs, dès lors recouvertes de trois signatures, purent être acceptées par les banques les plus rigides. Dans cette superposition d'escomptes, chacun trouvait un gain; de beaux bénéfices passèrent ainsi de l'est à l'ouest, tout en sauvegardant le crédit germanique.

La situation financière est depuis longtemps rentrée dans le calme, et les bénéfices des banques n'ont pas été atteints par la crise[1].

Le capital social des principales banques qui n'était que de 1 500 millions en 1883, dépasse aujourd'hui 4 milliards. L'augmentation, en 1909, a été de 190 millions.

Le besoin de crédit, qui est une nécessité pour beaucoup de firmes, leur donne une attitude extérieure particulière; même et surtout dans les moments difficiles, on y déclare que tout va bien; alors qu'en France notamment, l'homme d'affaires qui opère avec ses propres capitaux et n'a que faire du crédit, est toujours prêt à déclarer que tout va mal, même s'il gagne beaucoup d'argent.

Mais à voir comment procèdent les Allemands, il n'est pas douteux que, lorsque les affaires reprendront, de nouveau l'argent sera rare.

1. Grandes Banques allemandes.	Dividendes p. 100.				
	1900.	1904.	1906.	1908.	1909
Deutsche Bank.	11	12	12	12	12,5
Disconto	9	8,5	9	0	0[a]
Dresdner Bank	8	7,5	8,5	7,5	8,5
Bank f. Handel u. Industrie.	6	7	8	6	6,5
Schaffhausenscher	7,5	7,25	8,5	7	7,5
Berliner Handels Gesells .	8	8	9	9	9

a. La banque Disconto a servi 4 p. 100 de dividende en 1910.

Au lieu de regarder avec compassion ou ironie si la crise industrielle est plus ou moins intense, longue, meurtrière ou bénigne, il est plus intéressant d'étudier de quelle manière les industriels allemands la franchissent. Et l'on constate alors que rien n'est arrêté dans leur élan, diminué dans leur confiance, changé dans leurs procédés. Aucune mesure n'est suspendue, aucune dépense enrayée, aucun projet ajourné. On reste au branle-bas de combat pour la reprise plus ou moins prochaine des opérations.

Ainsi, la plupart des compagnies de navigation n'ont pas donné un centime de dividende sur 1908; et jamais les agrandissements du port de Hambourg n'ont été poussés avec plus d'activité. Je ne juge ni n'apprécie, je constate avec témoignages en main. Les Allemands font preuve à la fois d'endurance, d'audace et d'énergie, se rappelant sans doute cette parole du génie le plus admiré de leur race : « L'homme ne s'affirme que par l'action[1]. »

La dernière fois que je passai à Berlin, c'était au commencement du printemps; on allait voir, par un temps de neige, au Thiergarten, une exposition internationale de fleurs et de fruits. Les exposants Allemands — Allemands du Nord surtout — étaient en immense majorité. Il y avait là une incroyable profusion de produits que la volonté de l'homme avait obtenus à l'encontre, pour ainsi dire, des lois de la nature, c'est-à-dire par une température constamment, depuis trois mois, inférieure à 0. Comme organisation, c'était irréprochable, mais, comme arrangement, les fleurs et les fruits valaient plus par eux-mêmes que par les mains qui les avaient groupés. Les

1. Gœthe, *Faust*.

pays du Nord, Danemark, Hollande, avaient exposé avec entrain: les pays du Midi presque pas; c'était le monde renversé. La France y était particulièrement bien représentée par des horticulteurs belges. Et, pourtant, le peu d'exposants français qui avaient eu l'initiative d'envoyer surtout des légumes et des fruits enlevaient tous les suffrages. On ne pouvait approcher, tant le public s'y pressait, des raisins de Thomery et de l'exposition pomologique d'Argenteuil; mais pourquoi, par Pomone, nos compatriotes étaient-ils si peu nombreux?

Si quelques centaines de jardiniers français avaient pu voir de quel œil les Berlinois dévoraient leurs produits, ils auraient pressenti l'inépuisable débouché qu'ils auront là le jour où ils sauront, au lieu de les laisser pourrir sous les arbres, espacer la maturité de leurs fruits, les cueillir à temps, les conserver dans l'air froid, les emballer rationnellement, les vendre en syndicats, et, enfin, quand ils auront à leur disposition des sociétés de transports ayant étudié les méthodes américaines.

L'Empire allemand importe en France pour 450 millions de produits fabriqués, la France envoie en Allemagne pour une somme égale de denrées, presque toutes alimentaires. Le jour où notre agriculture, qui jouit du sol le plus fertile et le plus varié d'Europe, saurait se mettre à la hauteur du progrès et s'organiser pour la vente, elle fournirait sans peine pour 1 milliard de francs de ses produits à l'Allemagne.

Cliché Siemens Schuckert.

Perforeuse électrique Siemens-Schuckert.

CHAPITRE XIV

Les Matières colorantes

Un monopole de fait. — La société Léopold Casella. — La sollicitude pour l'ouvrier. — La journée de neuf heures. — Les établissements F. Bayer. — L'usine de Leverkusen couvre 230 hectares. — 203 chimistes. — Une bibliothèque technique de 12 000 volumes. — La ville créée à côté de l'usine. — Le professeur docteur Duisberg.

L'industrie des matières colorantes artificielles est l'unique au monde qui soit à peu près monopolisée par une seule nation.

Elle est entre les mains de cinq énormes maisons allemandes et de quelques autres moins importantes. Ces cinq firmes sont : la *Badische Anilin und Soda Fabrik*, à Ludwigshafen sur le Rhin; *Leopold Casella et Cie* à Meinkur, près Francfort-sur-le-Mein; les *Etablissements Frédéric Bayer*, à Elberfeld et Leverkusen; la Société *Meister Lucius et Brüning*, à Höchst; l'*Actien Gesellschaft für Anilin Fabrikation*, à Berlin. Leur production globale atteint près d'un milliard de francs.

L'origine des colorants artificiels remonte vers 1860, époque où le chimiste lyonnais Verguin isola la fuchsine, dérivé secondaire du goudron de houille; sa découverte fut suivie successivement de celles de l'aniline et de l'alizarine. Cette synthèse des matières colorantes effectuée d'abord en France, passa bientôt en Allemagne, où elle s'implanta d'une façon définitive et s'étendit avec une telle ampleur que tous les pays du monde en sont devenus tributaires

L'étude et la recherche des colorants est aujourd'hui la branche la plus touffue de la chimie organique; et il était dans le tempérament allemand de poursuivre avec opiniâtreté ces travaux minutieux et hardis. Il fallait disposer d'une multitude de chimistes patients, méthodiques, spécialisés, il fallait une organisation disciplinée dans les recherches à entreprendre, il fallait une inlassable confiance dans les résultats éventuels de ce labeur; il fallait enfin un mépris superbe de l'argent que l'on y a englouti. On cite tel grand produit obtenu par la Badische qui lui a coûté douze années d'efforts et 15 millions de dépenses. Et il n'apparaît pas qu'en aucune autre nation des conditions aussi sévères aient pu se trouver réunies.

Aujourd'hui, la prospérité de ces entreprises est assurée; mais, si elles rencontrent peu de concurrence au dehors, elles se la font entre elles avec acharnement sur les articles autrefois brevetés et aujourd'hui tombés dans le domaine public, et ne réalisent, chacune de leur côté, de brillantes affaires que grâce aux brevets qu'elles exploitent. Aussi, la poursuite de nouvelles découvertes est-elle leur objectif incessant. La vie d'un brevet est éphémère et si l'une d'entre elles se laissait acculer au point de n'en plus détenir aucun, elle tomberait à la merci des autres.

Les cinq grandes sociétés n'ont pu arriver, jusqu'ici, et pour des raisons multiples, à se syndiquer ensemble. Elles forment deux groupes: la Badische, l'Actien Gesellschaft et Frédéric Bayer d'un côté, Casella et Lucius Meister de l'autre. Toutes sont aujourd'hui en actions, à l'exception de Léopold Casella.

L'organisation de ces affaires représente le summum de perfection qui puisse être atteint dans l'industrie, au triple point de vue technique, commercial et patronal.

La Société Casella, fondée en 1870, roule aujourd'hui sur un capital de 36 millions tant en mises de fonds qu'en commandites. Dès son début, elle s'est consacrée à la fabrication des colorants dérivés du goudron de houille, à l'exception des colorants d'alizarine. Casella, comme tous ses collègues, a créé des succursales à l'étranger; à Lyon et à Riga. Cette nécessité leur est imposée par des droits de douane inégalement élevés, suivant qu'ils s'appliquent à des produits ébauchés ou achevés. On commence la fabrication à la maison mère, on la termine dans la filiale. En outre, la firme possède à New-York et à Bombay des comptoirs de vente, et dans les grands ports de toutes les parties du monde, des agences avec dépôts de marchandises, laboratoires et personnel commercial et technique.

Elle emploie à Meinkur seulement 35 machines à vapeur donnant 3400 chevaux, et 36 chaudières. Sa consommation d'eau est de 32000 mètres cubes par jour; elle possède une usine à gaz et une autre pour la lumière électrique, un embranchement sur les chemins de fer prussiens, un port sur le Mein avec tout l'outillage mécanique nécessaire; elle occupe 2300 ouvriers, 317 employés, 95 ingénieurs ou docteurs universitaires. Les ouvriers doivent avoir fréquenté l'école primaire pendant huit ans; les apprentis sont tenus de suivre les écoles du soir: l'usine les admet à partir de quatorze ans, et ils restent apprentis pendant trois années, sans que l'usine soit responsable d'eux devant les autorités.

On sait combien la loi allemande est sévère vis-à-vis des patrons dans leurs rapports avec les ouvriers; elle entoure ces derniers d'une protection rigoureuse et efficace, les garantit contre une exploitation abusive et contre l'oubli des lois de l'hygiène, les fait assurer contre les accidents, les maladies et la vieillesse. Les inspections des manufactures sont fréquentes et minutieuses, les règlements impitoyablement appliqués, mais avec un discernement que garantit la valeur personnelle des inspecteurs du travail, obligatoirement issus d'une école polytechnique.

Dans les assurances contre la maladie, l'employeur intervient pour deux tiers, l'intéressé pour un tiers; contre les accidents, l'employeur intervient seul: les compagnies sont surveillées par l'Etat. Contre l'invalidité et la vieillesse, l'employeur fournit la moitié de la prime, l'ouvrier l'autre moitié et l'Etat lui garantit le payement.

Malgré les charges énormes qui résultent pour elles de ces obligations, la plupart des grandes firmes considèrent comme de leur devoir d'y ajouter d'autres avantages pour leur personnel. Ainsi, chez Casella, les ouvriers ont droit de prendre leurs repas dans un réfectoire spécial moyennant 1 mark par semaine (21 centimes par jour pour deux repas), la maison leur fournit gratuitement les vêtements de travail, met à leur disposition 576 cabines de douches et 100 baignoires: dans le courant de 1906, il a été pris ainsi 400 000 bains, le savon et les essuie-mains sont gratuits. Mêmes avantages dans des locaux similaires pour tous les employés. Des logements à 150 francs par an pour les ouvriers mariés (ces maisons coûtent 7 500 francs), des dortoirs pour les ouvriers célibataires sont à la disposition de ceux qui en font la demande.

Les salaires — comme le prix de toutes choses

en Allemagne — augmentent d'année en année. Ils sont, en moyenne, de 56 centimes l'heure de jour pour les hommes de 20 à 40 centimes pour les femmes. Le salaire des hommes a passé de 3 fr. 50, en 1893, à à 5 fr. 20, en 1906. Bien que la législation allemande ne réglemente pas le nombre d'heures du travail journalier, la journée, dans toutes les fabriques de matières colorantes, est réduite à neuf heures : elle commence à six heures et demie ; de huit heures à huit heures et demie, repos ; de midi à une heure, dîner ; à cinq heures du soir, fin de la journée. Les ouvriers ayant neuf ans de service ont droit à un congé payé de six jours par an.

Des caisses spéciales fondées par la maison et alimentées par des cotisations minimes augmentent le montant éventuel des retraites.

Enfin, l'usine a créé, en 1895, une caisse d'épargne privée donnant un intérêt de 6 p. 100 pour les sommes inférieures à 625 francs, et 5 p. 100 pour les sommes supérieures.

La firme Frédéric Bayer fut fondée à Elberfeld, en 1850, et transformée en 1880 en société anonyme sous le nom d'*Etablissements F. Bayer et Co*. Ses directeurs sont, au point de vue commercial, M. F. Bayer, fils du fondateur, et au point de vue technique, le professeur docteur Duisberg.

Parallèlement à la fabrique mère d'Elberfeld, la Société possède des usines à Barmen, à Flers, près Lille, à Moscou, à Albany (Etats-Unis) et enfin la dernière, celle de Leverkusen sur le Rhin ; plus vingt-trois succursales et cent vingt-trois agences dans le monde entier.

Leverkusen fut fondé il y a une douzaine d'années, quand on eut reconnu que les ateliers d'Elberfeld resserrés dans l'étroite vallée de la Wupper, devenaient absolument insuffisants; néanmoins, on les conserva.

Leverkusen dépasse toutes les conceptions que l'on se peut faire d'un établissement industriel. Il n'est pas facile de s'imaginer ce que peut être une usine qui occupe la surface d'une ville de 100 000 habitants. En effet, Paris compte 2 650 000 âmes et couvre environ 6 000 hectares, ce qui représente 102 000 personnes pour 230 hectares, précisément la superficie exacte de l'usine de Leverkusen.

C'est un rectangle d'environ 1 kilomètre sur 2 et demi, dont le grand côté borde la rive droite du Rhin, à une dizaine de kilomètres au nord de Cologne. Dans l'intérieur du rectangle, sont tracées trois divisions; qu'on imagine un drapeau français dont le Rhin serait la hampe; dans la bande bleue, on a logé la grande industrie chimique: acide sulfurique (par le procédé des chambres de plomb et par le procédé de contact), acide chlorhydrique, acide nitrique, etc.; dans la bande blanche, la préparation initiale des colorants; dans la bande rouge, leur terminaison. Il y a en plus des ateliers spéciaux, un institut pharmaceutique, une imprimerie, des écoles d'apprentis, des ateliers de produits et papiers photographiques, etc. Pour agrandir les services, il suffira d'allonger chaque bande.

On fabrique à Leverkusen tous les colorants, plus un certain nombre de spécialités pharmaceutiques. D'autres spécialités, telles que la *Somatose*, essence de viande pour laquelle on sacrifie chaque année des milliers de bœufs, les laboratoires de recherches, le siège social, l'état-major industriel et commercial sont restés à Elberfeld.

Quand je me présentai à l'une des trois grandes entrées de Leverkusen, muni d'une autorisation que j'avais dû obtenir non sans peine, à Elberfeld du professeur Duisberg lui-même, le portier galonné qui m'introduisit dans un salon d'attente téléphona au bureau et me pria d'attendre que l'on vînt me chercher, car le trajet est d'un quart d'heure, avec chance de s'égarer en route.

Une avenue rectiligne de 50 mètres de largeur, sillonnée de voies ferrées, bordée de candélabres à éclairage électrique, de colonnes de fonte portant des câbles moteurs, de tubes de toutes sortes, s'engage dans l'usine; tous les 300 mètres environ, elle est recoupée à angle droit par une avenue semblable; tous les 100 mètres, par une rue moins large. Ces voies portent les noms de grands chimistes: Lavoisier, Liebig, Scheele, Berthollet, Faraday, Hoffmann, Helmholz, Bunsen, etc. Les avenues perpendiculaires au Rhin ont environ 1 kilomètre de long, les avenues parallèles plus de 2. Chaque îlot est une construction massive renfermant un atelier; le bureau général de l'usine est au centre; mais il existe des bureaux secondaires et des laboratoires dans presque tous les ateliers. Quatre cents appareils téléphoniques les relient entre eux. Pour les allées et venues pressées, cinq automobiles sont à la disposition des chefs. Il y a en plus un réseau de tubes pneumatiques pour la transmission des plis.

La visite commence par la batterie des chaudières centrales. Le total des chaudières de l'établissement s'élève au nombre de 140, représentant 128 000 mètres carrés de surface de chauffe. Toutes sont à grille horizontale mobile, à avancement automatique; le charbon y arrive au fur et à mesure par des couloirs supérieurs inclinés: pas de décrassage de foyers, pas de rentrées d'air. Les mâchefers sont automatiquement rejetés dans un sous-sol et emmenés au loin par une chaîne sans fin. A chaque générateur sont annexés des appareils de contrôle de gaz et de tirage. Ce système de grilles est incontestablement le plus employé en Allemagne; on l'y voit dans 80 p. 100 des usines. 52 wagons de 10 tonnes, telle est la consommation journalière moyenne de ces générateurs.

La grande salle des machines de plus de 3 000 mètres carrés contient une dizaine de grosses machines Corliss et une turbine à vapeur de 2 300 chevaux tout récemment installée. Le nombre total des machines à vapeur de la firme s'élève à 192, donnant 13 500 chevaux, la plupart transformés en énergie électrique.

La consommation d'eau de Leverkusen atteint 60 000 mètres cubes par jour, quantité qui suffirait largement à alimenter une ville de 400 000 habitants. On fabrique, en outre, annuellement dans l'usine, 50 millions de kilogrammes de glace à l'aide de machines à ammoniaque.

Parmi les parties que je suis autorisé à voir, se trouve un groupe de laboratoires. Ce groupe est logé dans un hall de 80 mètres de longueur à toiture élevée; un large passage central le parcourt d'un bout à l'autre. A droite et à gauche de ce passage, de grandes stalles d'environ 4 mètres sur 8, dont chacune est l'officine particulière d'un chimiste. Des cloisons les séparent, de sorte que chaque opérateur travaille isolé dans une atmosphère commune; il importe quelquefois qu'un chimiste ignore ce que prépare son voisin.

Chaque stalle est pourvue de tout ce que le savant le plus exigeant peut souhaiter. La perfection réalisée à cet égard surpasse encore celle obtenue dans les universités et les écoles polytechniques. Réactifs, gaz, chaleur, froid, vide, pression, courant électrique, force motrice à toutes les vitesses sont fournis à l'opérateur sans autre peine que des boutons à presser ou des robinets à ouvrir. Donc, pas de réactifs à préparer, il y a pour cela un service central; pas de solutions à agiter, pas de précipités à concréter, des machines s'en chargent; pas de verrerie à nettoyer, il y a deux servants pour ce travail. Le chimiste, toujours un docteur universitaire, est là comme un pontife dans un sanctuaire fermé aux profanes.

Il faut ces conditions pour que l'homme fournisse un rendement de travail maximum. Si les fabricants de matières colorantes avaient leurs laboratoires installés comme on les voit couramment ailleurs, la firme Bayer, au lieu de 203, serait obligée d'avoir peut-être 600 chimistes et leurs travaux seraient d'une lenteur incompatible avec les progrès nécessaires à cette industrie. Que l'on veuille seulement songer que depuis vingt-cinq ans, les établissements Bayer ont pris plus de 4000 brevets et qu'ils en demandent encore plusieurs centaines par année.

Le rendement maximum des hommes et des choses et le minimum de perte de temps telle est la formule industrielle allemande, lancinante peut-être, mais indispensable à répéter.

Le rendement maximum des ouvriers est obtenu avec la journée de neuf heures; le calcul, souvent vérifié, tient compte de l'économie que l'on réalise en diminuant dans la même proportion le nombre d'heures de service des machines et chaudières.

La visite des ateliers de fabrication des produits est rigoureusement interdite, mais on montre avec obligeance les parties accessoires: chantiers de tonnellerie, de chaudronnerie, de constructions mécaniques, de menuiserie, de ferblanterie, l'imprimerie, l'atelier de reliure, la bibliothèque, les ateliers d'apprentissage pour les enfants d'ouvriers qui y sont non seulement instruits, mais payés 1 mark par jour.

Plusieurs de ces ateliers sont en partie occupés par des jeunes filles, à l'exclusion des femmes mariées dont on estime que la place est à la maison et non à l'usine. Tel l'atelier de confection des boîtes en fer-blanc ou en carton pourvu des machines les plus perfectionnées qui, sous la conduite de toutes jeunes filles, en abattent des milliers à l'heure.

Ces jeunes personnes au travail chantent en chœur et en parties d'une façon fort agréable et ne s'arrêtent nullement lorsque entre un chef ou un étranger. L'usine octroie à chacune d'elles une leçon de chant d'une heure par semaine, et cette heure lui est payée. Toutes savent que l'Administration les invite à faire de la musique plutôt qu'à bavarder dans les ateliers.

Plus loin, est l'emballage des produits; dans le bâtiment où l'on empaquette les spécialités pharmaceutiques, les ouvrières sont revêtues d'une houppelande de toile blanche lustrée et ont la tête emprisonnée dans une coiffe de même étoffe, retombant en voile sur les épaules, qui les fait ressembler à des religieuses; c'est un raffinement de propreté antiseptique.

Une bibliothèque de 12000 volumes techniques où affluent 360 journaux et revues scientifiques, et la salle de lecture qui lui est contiguë occupent tout un îlot. Elles sont à l'usage des ingénieurs, chimistes et employés. Un comité permanent dépouille toute cette littérature et avise par écrit, jour par jour, chaque service des livres ou articles qui peuvent l'intéresser.

Nous nous attardons longuement dans le bâtiment de l'imprimerie et de la reliure, installation grandiose qui occupe une salle d'environ 40 mètres sur 70 avec 7 mètres de hauteur sous le plafond, éclairée, comme tous les ateliers, sur les quatre faces. Au milieu sont sept grandes presses et plusieurs petites pour le tirage des prospectus, modes d'emploi, carnets d'échantillons; autour, d'un côté, les postes de compositeurs; de l'autre, le service de la reliure. On compose là dans toutes les langues connues; j'y ai vu imprimer une longue notice en chinois. Au-dessus de cette salle, deux cents jeunes filles travaillent dans l'atelier de préparation des échantillons.

Voici, au rez-de-chaussée, le réfectoire et la cuisine des ouvrières, pour celles qui désirent prendre leurs repas à l'usine; leurs vestiaires, leurs lavabos et leurs cabinets de bains et douches. Tous les ateliers sans exception ont chacun, séparément, une installation de ce genre, soit pour les hommes, soit pour les femmes, d'une propreté, d'une ampleur, disons mieux, d'un luxe inimaginables; ou plutôt, on se l'imaginera en recherchant le prix d'établissement de ces seuls vestiaires, lavabos, douches et bains pour employés et ouvriers dans toute l'usine: 1 280 000 francs.

L'établissement de Leverkusen s'étant installé dans une région déserte, il a fallu créer autour une véritable ville, et c'est la Société qui en a fait tous les frais. L'ensemble des constructions qu'elle a édifiées se composait, à la fin de 1906, de maisons d'habitation pour les employés et ouvriers, d'un cercle pour les employés, d'une salle de spectacle et de conférence pouvant recevoir 1 400 personnes assises, d'établissements de consommation, d'une bibliothèque à l'usage des ouvriers, d'une école pratique ménagère pour les filles d'ouvriers, d'un hôpital, de réfectoires, de parcs, de jardins et de parcs à jeux, d'un établissement de gymnastique, de plusieurs écoles et de salles de sociétés. Le tout avait coûté à cette époque à la Société 11 250 000 francs; elle a fait depuis d'importants agrandissements et y alloue en outre chaque année des subventions plus ou moins considérables.

Parmi ces institutions philanthropiques s'élève une maternité qui a coûté 176 000 francs, réservée aux femmes d'ouvriers et dont sont exclues les filles qui auraient besoin du même secours; leur cas regarde la commune, et il regarde la commune parce qu'il regarde la police. La loi allemande recherche le père avec autant de soin que l'auteur d'un crime. A moins qu'il n'ait disparu ou ne soit décédé, que la personne séduite le désigne ou non, on arrive toujours à le découvrir, on en découvre même parfois plusieurs. Il n'est point question de l'emprisonner, mais seulement de le faire payer: le patron juge donc inutile de payer de son côté.

Les établissements Frédéric Bayer marchent, avec un capital-actions de 45 millions, sans obligations, ce qui paraît peu pour un tel développement. Ce fait est d'ailleurs général dans les firmes allemandes; on ne saurait les accuser de majorer leurs valeurs.

De quel œil les actionnaires regardent-ils ces créations philanthropiques qui, à première vue, apparaissent comme des prodigalités? D'abord, la plupart de ces actionnaires sont des descendants du fondateur Frédéric Bayer; mais, le meilleur motif qu'ils aient de tout approuver, c'est que, depuis neuf ans, ils ont reçu, en dividendes distribués, les sommes suivantes: en 1900, 8 150 000 francs; 1902, 9 9900 000 francs; 1904, 13 500 000 francs; 1906, 16 200 000 francs; 1907, 25 200 000 francs; 1909, 11 500000 francs.

La progression du personnel a été, pendant la même période, de 5 400, en 1900, à 7 600, en 1908.

L'imagination ne peut manquer d'être frappée de la prodigieuse mise en œuvre de connaissances scientifiques que représente une grande fabrique de colorants artificiels. Quand on se promène le long du port que Leverkusen a construit sur le Rhin, avec tout l'outillage d'un port moderne, on voit arriver et décharger des bateaux complets de charbon, de pyrite de fer, de goudron, de sel marin et de nitrate de soude; c'est à peu près tout ce que l'usine reçoit. Ces matières premières sont placées par les grues électriques sur une sorte de trottoir roulant qui les emmène dans leurs entrepôts respectifs.

Et l'on voit sortir de l'immense creuset mille et mille matières colorantes aux nuances les plus variées, des centaines de préparations pharmaceutiques et des caisses sans nombre des produits les plus délicats que réclame la photographie.

Le procédé de pénétration commerciale qu'emploient ces maisons est le même que l'on a pu apprécier à Stassfurt. A côté de leurs agences de vente, elles entretiennent à grands frais une armée de chimistes-coloristes qui vont dans le monde entier démontrer le mode d'emploi de leurs produits. Les procédés de teinture, tout d'abord éprouvés dans l'usine, sont expérimentés par eux devant les clients à qui ils mâchent pour ainsi dire la besogne, réduisant le rôle du teinturier à celui d'un plongeur de textiles ou d'étoffes dans des bains préparés à l'avance. L'Allemand d'aujourd'hui est de plus en plus convaincu que la majorité des acheteurs connaissent mal leur métier et qu'ils doivent d'abord le leur apprendre. Ils ont ainsi imposé leurs marchandises partout, et un de leurs plus remarquables résultats est, notamment, d'avoir amené les Chinois à abandonner leurs méthodes de teinture vingt fois séculaires pour adopter les leurs.

Leverkusen peut être considéré comme le type accompli d'une grande usine moderne. Le professeur docteur Duisberg, dont elle est le chef-d'œuvre, est un homme de cinquante à cinquante-cinq ans, brun et robuste, d'une taille au-dessus de la moyenne, portant haut une tête énergique et franche, au regard scrutateur, aux allures vives et résolues, sans morgue ni prétention. Cette création l'a placé au premier rang des sommités industrielles de l'Allemagne.

Un dernier chiffre : l'ensemble des 129 principales sociétés allemandes de produits chimiques représentait, en 1909, un capital de 510 millions de francs et distribuait un dividende moyen de 13 p. 100. En 1910, le capital est de 545 millions et le dividende moyen de 14 p. 100.

CHAPITRE XV

Quelques remarques sur les services publics

Les fonctionnaires sont les serviteurs du public. — Les palais postaux. — Les secrets d'une boîte aux lettres. — Comment se répare un oubli. — Les grandes gares : Hanovre, Francfort, Dresde, Hambourg. — Ce que sera la gare de Leipzig. — Les wagons bureaux de travail. — Les entreprises des États et des municipalités.

L'empire allemand, par ses services publics, donne aux autres peuples le plus magnifique, mais le plus pernicieux exemple.

Quand on fait observer à un partisan de l'étatisme ou du collectivisme — l'un conduit à l'autre — que l'Etat est un administrateur incapable, un producteur routinier, un gérant irresponsable qui étouffe sous lui l'initiative et la personnalité, l'interlocuteur répond triomphalement:

— Voyez l'Allemagne!

La vérité est qu'un peuple en progrès s'accommode de n'importe quel régime, tandis qu'un pays en décadence se trouve mal de tous les systèmes irréfléchis qu'il expérimente.

La première condition, pour qu'un service soit à la hauteur de sa tâche, est que ses représentants se considèrent, non comme les détenteurs d'un pouvoir, mais comme les serviteurs du public. Cette notion se manifeste partout, en Allemagne comme en Angleterre; en Angleterre, dans le style déférent qu'emploient les fonctionnaires quand ils écrivent au premier citoyen venu; en Allemagne, par la politesse et la prévenance de ces fonctionnaires vis-à-vis de quiconque a affaire à eux.

On sent très bien que la courtoisie, l'obligeance et la patience envers tous font partie de leur profession; encore une notion que ne peut concevoir celui qui n'a jamais voyagé dans ces pays. Elle n'étonne pas moins que la tenue, l'ordre et la précision absolus qui règnent partout.

Afin de pouvoir exiger de telles qualités de leurs employés, il faut que les administrations disposent d'organisations assez parfaites pour que les manquements du personnel ne soient imputables qu'à lui-même. Et c'est à quoi les Etats de la confédération travaillent depuis trente ans avec autant d'émulation que de largeur de vues.

S'agit-il de la poste? Les bureaux et le personnel y sont plus nombreux qu'en tout autre pays et le gouvernement impérial a doté la plus grande comme la plus petite ville d'installations si confortables, si vastes, si luxueuses même, qu'elles sont pour le voyageur, à son entrée en Allemagne, un universel sujet d'étonnement. L'Hôtel central de la poste à Hambourg est plus spacieux que le palais du Louvre, dont il rappelle un peu les dispositions extérieures.

C'est plaisir d'avoir affaire dans de tels bureaux, où tout est combiné pour les facilités commerciales non moins qu'en vue de l'hygiène; la propreté, l'éclairage, l'aération, le chauffage sont irréprochables même dans les plus petites villes.

Chaque employé a une tâche bien définie; à celui qui est chargé des mandats, ne demandez pas des timbres-poste; il y a pour ce service des distributeurs

automatiques et aussi, dans la salle, un agent qui, en même temps pèse les lettres, cachette les plis à recommander et donne tous les renseignements. Les guichets sont nombreux et rarement encombrés. Si, à certaines heures, il en est d'inoccupés et que le public afflue momentanément, de suite le préposé aux renseignements va quérir à l'intérieur autant d'employés qu'il en faut pour que personne n'attende.

La préoccupation de l'administration de satisfaire le public et surtout de faciliter le commerce est visible en tout.

Un simple exemple: le port des lettres pour la ville coûte 5 pfennigs, pour toute l'Allemagne 10 pfennigs jusqu'à 20 grammes; mais, moyennant un second timbre de 10 pfennigs vous avez droit, en pli cacheté, à 250 grammes. Ne voit-on l'avantage de cette tolérance pour l'envoi d'une lettre accompagnée d'un prospectus, d'un dessin, d'un acte, d'une brochure, d'un échantillon; de plus, le facteur a un seul pli à remettre au lieu de deux et le destinataire reçoit le tout simultanément. La réciprocité de cette organisation existe avec l'Autriche-Hongrie, la Suisse et le Luxembourg.

Que de remarques à faire sur une simple boîte aux lettres! Le modèle en est unique et uniforme dans tout l'empire. Ce sont des cubes de fonte, couleur bleu de Prusse, scellés en saillie contre un mur; ils sont très visibles et très nombreux. Sur leur façade est une petite fenêtre de cuivre, vitrée, qui protège le tableau où sont inscrits en gros caractères les heures des levées. Au fronton, un chiffre mobile indique le numéro de la prochaine. Le facteur qui y procède porte un sac de cuir dont l'ouverture est armée d'un cadre métallique qui s'engage entre deux coulisses horizontales fixées sous la boîte. Un tour

Les proportions des gares allemandes causent, au premier abord, de la stupéfaction. « Mégalomanie! » disent les uns. « Nos trains partent et arrivent à l'heure » répondent les Allemands. Pour faire de l'ordre il faut avoir de la place et cette considération justifie à leurs yeux les énormes dépenses qui en résultent. A peu d'exceptions près, toutes les gares datant de l'origine des chemins de fer ont été reconstruites. Un grand nombre même en sont à leur troisième réfection. On peut citer Nuremberg, qui possédait une fort élégante station gothique sur laquelle se lisait le millésime de 1877; en 1902, elle a fait place à un monument de dimensions quintuples.

L'argent employé en reconstructions de gares depuis vingt-cinq ans est incalculable. Les premières, celles de Cologne, puis de Hanovre, semblaient immenses; la seconde resta pendant plusieurs années le type le plus admiré d'une grande gare de passage à huit voies surélevées, laissant place au-dessous d'elles, pour les voyageurs, à des tunnels bien éclairés et luxueux, de plain-pied avec la salle des pas-perdus et les salles d'attente.

Mais, depuis lors, on a construit les gares terminus de Munich, avec quinze voies, puis celle de Francfort avec dix-huit voies sous le hall et une façade sur la ville de 240 mètres de largeur; elle fut longtemps, je crois même qu'elle est encore la station la plus monumentale qu'il y ait en Europe.

Il est impossible d'assigner à une gare allemande un type de construction précis; leurs dispositions varient à l'infini. On dirait que les ingénieurs ont pris plaisir à les diversifier. D'ailleurs, il existe entre tous les Etats, propriétaires de chemins de fer, une émulation soutenue de faire plus grand, plus beau, plus pratique que le voisin.

La gare de Dresde, qui date d'une dizaine d'années, surpasse toutes les autres, quant au luxe des aménagements. Monument remarquable tant par sa splendeur que par sa distribution originale et nouvelle. 75 millions ont été consacrés à sa construction et aux travaux de raccordement. La gare est à la fois terminus et de passage. Pour réaliser ce programme, les ingénieurs saxons ont établi trois faisceaux de voies à deux étages différents. Huit voies terminus aboutissent à un monument majestueux et splendidement décoré, lequel est flanqué à droite et à gauche de six paires de voies parallèles aux premières, mais élevées de 7 mètres au-dessus d'elles. La façade de l'édifice se dresse sur une cour très vaste, dans laquelle on accède de deux côtés par des voûtes qui rappellent les guichets du Louvre et soutiennent douze voies latérales de passage. La salle des Pas-Perdus, surmontée d'un dôme, ressemble à une cathédrale. L'ornementation en pilastres de marbres, céramiques polychromes, fresques, fenêtres à vitraux, est de grand style. Des boutiques de toutes sortes en garnissent les murailles; bureau de poste et télégraphe, coiffeur, marchands de journaux, de tabac, de fleurs, d'articles de voyage et de sport, établissement de bains. Sur d'immenses panneaux de faïence blanche, sont inscrites en lettres mobiles d'émail, noir pour les trains omnibus, rouge pour les express, les heures de départ et d'arrivée de tous les trains. Au fond de la salle, une large baie donne accès sur les voies du rez-de-chaussée, après passage devant les guérites où se tiennent, comme des sentinelles, les contrôleurs de billets. La délivrance des tickets pour les trains de banlieue est faite par des distributeurs automatiques. A droite et à gauche de cette salle, un transept de 10 mètres de largeur conduit aux deux salles d'attente-buffets dont la superficie est de 900 mètres carrés; à côté, un salon pour les dames et un salon pour faire sa correspondance.

On peut admirer particulièrement l'ordonnance générale, grâce à laquelle un voyageur pénétrant dans la gare prend son billet, enregistre ses bagages, fait ses achats, déjeune et monte en wagon, sans jamais revenir sur ses pas.

La plupart des gares modernes ont des aménagements analogues à ceux de Dresde, que j'ai pris pour type.

La nouvelle gare centrale de Hambourg, inaugurée au commencement de 1907, moins luxueuse, est plus imposante encore. Le hall des trains rappelle en tous points la *Galerie des Machines*, et le faisceau de voies passe sous la gare elle-même, lancée comme un pont colossal perpendiculairement sur cette tranchée de 130 mètres de largeur. La salle des Pas-Perdus, qui forme le tablier du pont, a 147 mètres de long, sur 25 de large, avec une hauteur qui atteint 30 mètres au faîtage. C'est le triomphe de la charpente en fer. Et ce vaisseau géant est maintenu en hiver à une température de 18°.

Toutes les combinaisons mécaniques que l'on peut adapter à un édifice ont été appliquées là; on remarque particulièrement, pour le transport des bagages, un trottoir roulant d'une conception si ingénieuse, qu'à le regarder fonctionner on s'expose à manquer le train; c'est ce qui faisait dire à un ingénieur de chemins de fer américain, avec qui je visitais en détail cet édifice : « Il n'est plus nécessaire maintenant de venir à New-York ou à Chicago pour trouver des mécanismes automatiques, on en voit tout autant à Hambourg. »

Les travaux nécessités par cette installation ont dépassé 100 millions de francs.

L'augmentation continue de la population dans les grandes villes justifie ces proportions. L'ensemble des villes de plus de cinquante mille habitants représente aujourd'hui au moins vingt millions d'hommes. Or, l'accroissement annuel de population se porte presque entièrement sur elles : l'émigration allemande à l'étranger, autrefois si intense, diminue d'année en année, à mesure que le pays s'enrichit.

On pourrait donc prévoir que, dans vingt-cinq ans, les mêmes villes seront peuplées de trente-cinq à quarante millions d'âmes. En sera-t-il ainsi? Berlin en aura-t-il alors cinq millions, Hambourg deux millions, Leipzig onze cent mille? Ce n'est pas impossible.

Le recensement de 1910 a mis en évidence un accroissement énorme des principales villes. Si la natalité par mariage a diminué, le nombre de ceux-ci s'est accru et le taux de mortalité s'est abaissé; enfin, l'émigration par paupérisme devient insignifiante: moins de 18 000 personnes en 1910.

C'est sur ces bases qu'ont calculé les gouvernements prussien et saxon quand ils ont établi les plans de la future gare centrale de cette dernière ville.

Il existe actuellement à Leipzig cinq gares terminus qui desservent treize lignes saxonnes et six prussiennes, dont quelques-unes de tout premier ordre : Leipzig-Berlin; Leipzig-Francfort-Paris; Leipzig-Dresde-Vienne; Leipzig-Munich; Leipzig-Magdebourg-Hambourg. Ces cinq vieux débarcadères, exigus, bas, enfumés, étaient bien représentatifs de l'Allemagne d'antan.

On a projeté, il y a dix ans, de leur substituer une gare centrale (Hauptbahnhof), unique et monumentale, qui laissera loin derrière elle tout ce qui a été fait en ce genre dans n'importe quel pays. Les travaux d'approche sont commencés depuis six ans: on espère que l'ensemble sera prêt en 1913.

Le monument lui-même a été mis au concours; le concurrent vainqueur est le cabinet d'architecture

Lossow et *Kuhne*, de Dresde, qui a pour devise: « *Licht und Luft* » (lumière et air) dont les plans ont été adoptés.

Le hall des trains couvrira vingt-six voies correspondant aux treize lignes. Entre chaque paire de voies court un trottoir de 11 à 12 mètres de large, ce qui donne au faisceau un développement de 250 mètres, sur une longueur égale, capable d'abriter les trains les plus longs. La façade terminus aura une largeur de 300 mètres.

Comme termes de comparaison, la gare Saint-Lazare, à Paris, a 180 mètres; celle de Munich a 190 mètres; celle de Francfort, 240 avec dix-huit voies.

La future gare de Leipzig sera uniquement affectée aux voyageurs; et ne renfermera ni le service des postes, ni celui des colis postaux, lesquels auront, à 1 800 mètres de là, une gare spéciale, dont la façade ne mesurera pas moins de 200 mètres de largeur et dont le coût sera de 6 millions. On construit, en outre, une gare de formation de trains, des rotondes de locomotives, des réservoirs d'eau, des gares de marchandises, déjà presque achevées. Il faut savoir que le service des colis dans les gares de Leipzig s'élève, en moyenne, à 75 000 par jour.

De toute gare allemande, on expédie directement des marchandises sans plus de formalités à Maracaïbo qu'à Berlin.

Les dépenses prévues sont de 158 millions de francs, dont 64 fournis par l'Etat saxon, 64 par la Prusse, 24 par la ville de Leipzig et 6 par l'Administration impériale des postes.

Depuis leur adoption les plans de Lossow et Kuhne ont été légèrement modifiés: on les a encore agrandis. La façade n'a pas été changée, mais les ailes en retour ont été allongées; de ce fait, la surface d.

bâtiment sera augmentée de 800 mètres carrés, et la superficie mesurera 14 080 mètres carrés.

Grâce à la généralisation de telles dispositions, à l'étude pratique et coordonnée de tous les services, particulièrement de ceux des signaux, des postes, de formations de trains, à l'adaptation exclusive à chaque ligne des voies qui lui sont destinées, l'encombrement et le désordre sont évités, et l'exactitude des trains est la règle absolue; exactitude indispensable, car le système qui consiste à pourvoir presque toutes les lignes de trains express, se correspondant dans les gares de croisement, avec quelques minutes de battement, sans changement de voiture, par la dissection et la reconstitution des convois, n'admet pas de retards, sous peine de perturbations rendant tout service impossible.

La vitesse de marche des express est moindre que celle de nos rapides; mais leur vitesse commerciale, c'est-à-dire arrêts compris, s'en rapproche sensiblement, parce que les stationnements dans les gares sont très courts. Ainsi les express de Hambourg à Cologne s'arrêtent trois minutes à Brême, ville de deux cent cinquante mille habitants. De plus, les ralentissements sont rares, et les aiguilles en pointes hardiment abordées sans diminution de vitesse.

Sauf les trains internationaux, tous les express ont les trois classes; les places sont grevées d'un supplément dans les trains de grande vitesse.

Les wagons de toutes classes sont très stables, éclairés la nuit d'une façon éblouissante, avec un raffinement qui donne à chaque voyageur une petite lampe individuelle à abat-jour, lui permettant de lire, sans incommoder les dormeurs. Les compartiments de première sont à quatre places, ceux de seconde à six, ceux de troisième à huit; et tous les voyageurs ont également droit de se rendre dans le wagon-restaurant.

A la suite d'un accident où un voyageur avait trouvé la mort, faute de pouvoir s'échapper d'un wagon en flammes, on a pourvu chaque voiture d'un petit arsenal de ciseau, scie, hache et marteau, logés dans une vitrine dont, en cas de besoin, on fait sauter la fermeture.

L'aération et le chauffage sont particulièrement soignés; les wagons pourvus d'une ventilation qui renouvelle constamment l'air; ce qui n'empêche pas la température de s'y maintenir, par les plus grands froids entre 18 et 20°, constatés sur un thermomètre placé dans chaque compartiment. Les Allemands font une distinction essentielle entre le chauffage et l'asphyxie.

Au mois de janvier dernier, par un froid de 10° au-dessous de 0, je prenais, à onze heures du soir, à Elberfeld, un train pour Leipzig; seul dans un compartiment de deuxième classe, mon premier mouvement fut d'ouvrir le chauffage en grand et de fermer tous les orifices de ventilation. Deux heures après, je me réveillai, suffocant; l'air étant confiné, la température s'était élevée à 31°!

Les trains omnibus sont pourvus d'une quatrième classe, à des prix extrêmement réduits. D'ailleurs, les tarifs de toutes classes, déjà plus économiques qu'en France, ont été encore abaissés en 1907: on a supprimé dans tout l'Empire les billets d'aller et retour, et réduit tous les parcours au tarif de ces derniers; ce qui constitue un rabais de 20 p. 100 sur les prix antérieurs.

Les Allemands voyagent énormément pour leurs affaires, mais en route n'aiment pas à perdre leur temps; c'est pourquoi une société de Francfort-sur-le-Mein vient de mettre à l'étude l'organisation de wagons-bureaux dans les trains express. Le modèle en a été publié. Ce sont des voitures de 20 mètres de longueur, pesant 35 tonnes ; on y aura accès de toutes les classes, moyennant un supplément. La salle de travail sera pourvue de deux rangs de tables à écrire au nombre de vingt et une. Dans deux cabines isolées, se tiendront des dactylographes auxquelles on pourra dicter des lettres. Un postier sera chargé de remettre ou de recevoir les plis ou les télégrammes aux stations ; il aura près de lui une presse à copier et une balance pour peser les envois.

Dans ces wagons, on a étudié un système spécial de ressorts amortisseurs de chocs.

L'accueil empressé que le public a fait à cette idée fait prévoir qu'elle ne tardera pas à être mise à exécution sur la plupart des grandes lignes.

Voici un exemple de l'initiative hardie que savent prendre, à l'occasion, les directeurs d'administrations publiques.

Un artiste bien connu de Leipzig, le sculpteur Klinger, avait exécuté une statue de Beethoven qui constitue une innovation dans l'art. Le grand homme est assis, le torse nu, en marbre blanc, dans l'attitude d'une méditation sombre, sur un siège de bronze dont les panneaux sculptés représentent des scènes de ses symphonies. Sur ses genoux repose une longue draperie de porphyre rouge et le sujet entier est campé sur la pointe aiguë d'un rocher de serpentine.

Séduit par cette œuvre originale et puissante, un riche étranger en offrit 120 000 marks ; c'était, dans les milieux artistiques, un dépit cruel de la voir s'éloigner ! car le musée de Leipzig n'était pas en mesure de faire une pareille dépense ; lorsque le conservateur eut une inspiration heureuse. Résolument il emprunta la somme et, pour en couvrir les annuités, imagina de faire payer à chaque visiteur de la galerie la vue de cette œuvre nouvelle. Beethoven fut placé seul dans une salle en rotonde, derrière un rideau qu'un gardien ne lève devant les admirateurs que moyennant 1 mark par personne. Et la statue sera ainsi bientôt payée.

La question des bains joue un rôle important en Allemagne, même dans les plus modestes classes de la société. Les usines, nous l'avons vu, les prodiguent à leur personnel. La plupart des municipalités l'ont prise en main et, dans presque toutes les villes, existe un établissement de bains municipal, installé avec une perfection inconnue partout ailleurs. La ville de Leipzig, s'estimant en retard sur ce point, vient de décider la construction dans divers quartiers, de six établissements de bains qui coûteront 3 700 000 francs.

Dès lors que les administrations publiques marchent de ce train, il a bien fallu que les établissements particuliers les suivent. C'est pourquoi on trouve partout des cabinets de bains aussi grands que des chambres à coucher, au sol de faïence recouvert de treillis de bois, aux murs plaqués de marbre, avec aération par ventilateurs pour chasser les buées, chauffage à radiateur, étuve chauffe-linges, baignoires de marbre, de faïences vernies ou de fonte émaillée, vastes comme des piscines; pas de robinets à manœuvrer, simplement des boutons que l'on presse pour introduire l'eau chaude ou froide par le fond de la baignoire. Un trop-plein maintient cette eau à un niveau constant; le jour, une grande fenêtre vous éclaire; le soir, des lampes électriques à genouillères vous permettent de lire commodément.

Le plus récent (1906) et le plus somptueux établissement de bains municipal qui existe en ce moment en Allemagne est celui de Hanovre; il y a là, entre autres, deux immenses piscines à 26° été et hiver, pour hommes et pour dames, que l'on déclare — suivant la formule — les plus grandes de l'Europe. La disposition des cabines est à retenir: elles les entourent en fer à cheval; le baigneur habillé y entre par le côté extérieur et en ressort, par une porte opposée, du côté piscine. De cette façon, il ne marche pas avec des bottes crottées sur des dalles mouillées, et, en sortant de l'eau, ne se salit point la plante des pieds sur un sol boueux. Le prix d'un bain de piscine ou de baignoire ne dépasse pas 60 centimes.

Bon nombre de municipalités françaises ont envoyé des délégations pour étudier, dans les grandes villes d'Allemagne, l'organisation des abattoirs qu'elles ont construits et exploitent elles-mêmes.

A Leipzig, les abattoirs datent de 1888; la ville y a dépensé près de 5 millions. Ils sont contigus au marché à bestiaux, mais cette contiguïté a été réalisée de telle sorte que les administrations de ces deux services se touchent et que chacun d'eux peut s'accroître indéfiniment suivant les besoins de la ville.

Les abattoirs occupent un rectangle, le marché un autre rectangle perpendiculaire au précédent et les bâtiments administratifs de chaque service forment deux façades d'une place publique.

La mise à mort, le dépeçage, l'enlèvement des quartiers, leur transport par rails aériens, la récolte du sang, le déblayement et le nettoyage des déchets, l'ébouillantage des porcs, tout est pour ainsi dire automatique et si rapidement fait que cinq minutes après l'abatage, la viande, prête à être vendue, se trouve suspendue dans les étals des boucheries.

Ces étals frigorifiques, au nombre de plusieurs centaines, sont dans l'abattoir même; chaque boucher a le sien, plus ou moins vaste. Il y en a deux étages superposés, l'un au rez-de-chaussée, l'autre au sous-sol. Ce sont des box fermés, analogues à ceux où l'on voit les bêtes féroces dans les ménageries, clôturés de barreaux de fer peints en blanc et vernis, d'une propreté obligatoire et absolue. Les halls dans lesquels ils s'alignent sont maintenus à une température inférieure à 6° par des canalisations d'air glacé. Trois machines à vapeur, développant une force totale de 390 chevaux, sont affectées à produire cette réfrigération. Les chaudières qui les alimentent ont un système de chargement tout à fait particulier; le charbon y est introduit à l'aide d'une sorte de sonde qui pénètre dans le foyer, sans l'ouverture d'aucune porte, donc sans rentrée d'air. Cette sonde contient une charge de houille que l'on renverse dans le foyer et aussitôt la sonde est retirée.

L'abattoir est donc le magasin des bouchers qui y viennent chercher leurs quartiers de viande à leur loisir, sûrs qu'elle se maintient là en parfait état de conservation.

Le marché aux bestiaux est une immense étable de plusieurs centaines de mètres de longueur, avec des couloirs de 10 mètres entre les lignes de stalles. Le hall est très haut et largement éclairé. Dans ce magasin d'approvisionnement, des centaines d'animaux attendent patiemment leur dernière heure. Les races sont généralement de forte taille, en bon état d'engraissement, mais elles n'ont pas la finesse et les formes des grandes races Durham ou charollaise-nivernaise.

Tous les bâtiments et cours intérieures sont sillonnés de voies ferrées normales ou Decauville; c'est avec de petits wagons qu'on vient chercher un à un les animaux pour les conduire au lieu du supplice.

Les abattoirs des autres villes ne le cèdent en rien à ceux dont je viens de parler; et c'est avec raison que nous y allons chercher des modèles. Les défenseurs de l'étatisme affirment que jamais des sociétés privées n'auraient le courage de faire aussi grandement les choses; ce qui n'est nullement prouvé.

La création du port fluvial de Francfort-sur-le-Mein est un acte d'initiative municipale plus étonnant que tous les autres.

En amont de la ville, sur la rive droite du Mein, s'étend une plaine nue, sans maisons ni usines, hier encore parsemée de cultures suburbaines. Là on a tracé et on creuse quatre bassins de plusieurs kilomètres de longueur, parallèles entre eux et perpendiculaires au fleuve. Ces bassins sont séparés par des terre-pleins de 200 mètres et seront pourvus de l'outillage le plus perfectionné.

Il ne s'agit point ici de répondre à des besoins commerciaux ou industriels existants. Non; le but poursuivi, auquel Francfort consacre 90 millions de francs, est d'attirer entre ces voies d'eau des industries nouvelles, en leur offrant des terrains et des moyens de transport et de manutention au voisinage d'une ville opulente. Et si les capitaux manquent aux arrivants, les banquiers de Francfort sont là. Je ne connais rien en Europe d'aussi américain.

Les prétentions envahissantes des Etats et des villes dans le domaine de l'industrie reconnaissent plusieurs motifs: d'abord, la tendance innée chez toutes les administrations d'étendre toujours de plus en plus leurs pouvoirs, ensuite, le désir de donner à tous l'exemple du progrès et, enfin, la préoccupation de se procurer le maximum de revenus pour les employer dans l'intérêt général.

Cette sollicitude à l'égard du peuple est constante et sincère, et les autorités se considèrent réellement comme ayant charge d'âmes. Veiller à l'hygiène, combattre le chômage, la misère, la maladie, fortifier et instruire l'enfance, secourir la vieillesse sont des devoirs perpétuellement présents à leurs yeux. Chaque Etat, chaque ville s'ingénie à en multiplier les manifestations. A Dortmund, on crée en pleine forêt une école publique où les enfants infirmes reçoivent l'instruction dans un air vivifiant; à Halle-sur-Saale, la municipalité organise, d'accord avec la chambre de commerce, un bureau qui donne aux adolescents des renseignements précis sur les industries le plus facilement accessibles et un dispensaire gratuit où des médecins auscultent chaque enfant et leur indiquent les professions auxquelles leur constitution est le mieux appropriée. Et il faut voir le sérieux avec lequel ces avis sont donnés et reçus.

Partout on trouve la même émulation.

Le but atteint par cette ubiquité d'action philanthropique de l'autorité est-il finalement la satisfaction et la reconnaissance de tous? Oui, au point de vue municipal; non, si l'on scrute l'état psychologique de l'ensemble des citoyens; puisque le socialisme y grandit.

CHAPITRE XVI

Entre Patrons et Ouvriers

Le développement des syndicats ouvriers, — Syndicats libres et syndicats catholiques. — Les organisations patronales. Sévérité de leurs règlements. — Guerre aux meneurs. — Le rôle des pouvoirs publics.

Malgré la sollicitude dont les patrons font généralement preuve envers leurs ouvriers, malgré l'augmentation des salaires qui a suivi pas à pas la cherté croissante des choses nécessaires à la vie, la concorde n'est pas sans nuages entre employeurs et employés. Il y aurait naïveté à s'étonner que chacun, en ce monde, s'efforce de tirer d'autrui le maximum de bénéfices: les patrons de leur clientèle, les ouvriers de leurs patrons.

Les syndicats ont pour objectif immédiat et constant l'amélioration matérielle et morale de la condition des travailleurs. Leurs revendications sont d'ordre économique et ne versent guère dans la politique; ils saisissent même fréquemment l'occasion de manifester leur indépendance vis-à-vis des grands meneurs de la social-démocratie à qui ils reprochent l'inanité de leurs résultats pratiques et tangibles.

La comparaison est, en effet, toute à l'avantage des syndicats qui, grâce à un développement inouï sont devenus une puissance avec laquelle l'industrie allemande entière est obligée de compter.

En 1891, les syndicats réunissaient moins de 200 000 membres; en 1901, ils en comptaient 700 000 et leur budget s'élevait à 12 millions de francs; en 1910. les ouvriers syndiqués étaient près de 2 millions et demi, avec un budget annuel de recettes de 65 millions et une réserve acquise de plus de 40 millions!

Ils sont enrégimentés et hiérarchisés en organisations locales formant des groupements régionaux, lesquels ont une comité central directeur, qui maintient dans l'armée du travail l'ordre, la méthode et la discipline. Toute cette administration absorbe plus du quart des revenus; les allocations aux grévistes, un tiers, et les secours philanthropiques, environ un cinquième.

Parallèlement à cette vaste organisation des syndicats libres, il est d'autres groupements ouvriers, qui sont les syndicats chrétiens et les syndicats catholiques comptant, eux aussi, plusieurs centaines de milliers de membres. Dans les conflits avec le patronat, ils marchent le plus souvent d'accord avec leurs camarades des syndicats libres. Et rien ne démontre mieux le but économique et non politique poursuivi par ces associations.

On peut prévoir que, dans un avenir peu éloigné, toute la population ouvrière allemande fera partie de quelqu'une de ces organisations.

Forts d'un pareil nombre et pourvus de telles ressources, les syndicats ouvriers auraient eu les plus grandes chances de réduire le patronat à leur discrétion, si celui-ci, avec la vigueur, l'ensemble et la sévérité qui caractérisent l'Allemagne contemporaine, n'avait répondu à l'attaque du prolétariat par une défense non moins bien armée.

C'est à la suite des multiples grèves où les syndicats, grâce à leur discipline, leur persévérance et, par-dessus tout, leurs ressources pécuniaires, triomphèrent des industriels, que ceux-ci s'organisèrent puissamment pour la résistance.

L'organisation patronale, fondée depuis peu d'années, « pour combattre les revendications ouvrières injustifiées », couvre, elle aussi, toute l'Allemagne.

Il y eut d'abord quelque confusion; mais, aujourd'hui, l'ordre et la précision y règnent et en voici les manifestations les plus saisissantes. Les syndicats patronaux exigent une telle somme de discipline, de fermeté, d'abnégation, d'obéissance que, tout en les proposant comme modèles on est assuré d'avance qu'aucune autre nation industrielle ne les imitera.

Les groupements locaux, base de l'organisation générale qui s'élève jusqu'à un comité directeur, placé au sommet, acceptent les employeurs grands ou moyens de toutes les industries. Il est donc facile d'y entrer, mais infiniment plus difficile d'en sortir. Les délais statutaires de dénonciation sont très longs, et aucune démission n'est acceptée pendant une grève. Toute contravention aux statuts ou aux décisions est punie par des amendes souvent considérables, et, comme les syndicats patronaux n'ont pas de recours judiciaire contre les infractions, chaque membre doit verser aux mains de l'association un cautionnement qui garantit sa fidélité. D'ailleurs, les manquements aux engagements pris jettent une telle défaveur sur le délinquant dans le monde des affaires, que généralement pour lui la ruine s'ensuit inévitablement, et surtout si le manquement a été assez grave pour provoquer son exclusion de l'association.

Les ressources des groupements patronaux sont assurées par des cotisations basées sur l'importance de chaque firme.

Pour éviter le parti pris que provoquent les intérêts professionnels, le fonctionnement administratif est le plus souvent confié à des personnalités étrangères à l'industrie, dignes d'exercer une autorité morale éclairée et incontestable. Statuts, budget, nominations sont déterminés par des votes auxquels sont appelés tous les participants avec des nombres de voix variables.

Dirigée contre la puissance syndicale ouvrière, l'organisation patronale s'efforce non seulement de combattre les grèves, mais aussi de les prévenir.

Une des mesures les plus répandues est d'écarter des ateliers les mauvaises têtes ou les meneurs. Quand un ouvrier est renvoyé d'une firme et dûment reconnu comme tel, aucun patron n'a le droit de l'employer et cet ostracisme peut le poursuivre dans la province et même dans le pays entier.

Lorsqu'une grève est déclarée dans une firme, l'association patronale en examine les causes et indique à l'employeur s'il doit céder ou résister. Si la résistance est votée, tous les patrons de la même industrie organisent le lock-out et ferment leurs ateliers. Par là, ils obligent les syndicats ouvriers à des sacrifices énormes pour soutenir la grève.

Généralement, le lock-out est restreint à une ville ou à un district; d'autres fois, il s'étend à tout le pays En 1905, on a, par exemple, prononcé 3 000 lock-out partiels et 834 complets, qui ont atteint 118 000 ouvriers.

Souvent, un lock-out est prononcé, sans grève préalable, pour obliger les syndicats à accepter une mesure proposée par l'ensemble des patrons.

Les firmes industrielles qui font partie d'une association patronale sont obligées de la tenir au courant de tout ce qui se passe chez elles de nature à provoquer un conflit, et, si ce conflit éclate, la personnalité du chef d'industrie disparaît pour faire plac à l'association patronale qui prend en main la direction de la lutte, les négociations et toutes mesures nécessaires. C'est à cette condition qu'elle accorde à la maison ou à l'industrie frappée de grève le puissant appui de la corporation entière.

Mais là ne se borne pas le rôle de l'association; elle agit encore comme assurance mutuelle contre la ruine à laquelle certains patrons peuvent être acculés par des grèves prolongées. Les indemnités ainsi payées sont déterminées d'après des barèmes fixés par les statuts.

Il est aisé de concevoir la puissance de cette dernière considération sur l'esprit des industriels. Ils n'hésitent pas à sacrifier momentanément une part d'indépendance, et à se plier à des règlements draconiens, en vue de la sécurité que le groupement patronal leur assure.

Comme correctif à tout ce qui précède, il est juste de faire remarquer que, si les syndicats patronaux sont souvent un instrument de lutte, ils se présentent fréquemment aussi comme agents de conciliation. Leur impersonnalité émousse les angles entre le patronat et le prolétariat. A côté d'innombrables conflits dans lesquels ils ont soutenu des luttes acharnées, on peut citer maintes circonstances où leur opportune intervention les a prévenues, et beaucoup d'observateurs désintéressés constatent que c'est là le but vers lequel ils s'acheminent insensiblement.

Quant aux pouvoirs publics, vis-à-vis des grèves leur attitude apparaît comme impartiale, tant que l'ordre n'est point troublé; et c'est le cas le plus ordinaire, car chacun des partis en présence sait que la violence le disqualifierait dans l'opinion publique et, plus encore, qu'elle l'exposerait à une intervention de la force publique dans laquelle la faiblesse ne jouerait aucun rôle.

CHAPITRE XVII

« L'Avenir est sur l'eau »

*Le port le plus grandiose d'Europe. — Bismarck contemplant son œuvre. — Les marchandises au fil de l'eau. — Hambourg, port franc et ville soumise aux droits. — Brûlons les ordures ménagères. — Un central téléphonique **pour 80 000 abonnés**.*

De Barcelone à Riga, de Brindisi à Glascow, on peut visiter toutes les places maritimes d'Europe; aucune n'est d'un aspect comparable au port de Hambourg. Ni les docks de Londres, ni les quais de Liverpool, ni les installations d'Anvers ne sauraient donner une idée des écrasantes constructions qui bordent les 30 kilomètres de quais maritimes et les 34 kilomètres de canaux intérieurs de la métropole de l'Elbe. Et qu'on ne tienne pas ces chiffres pour définitifs; dans un an on en mesurera quelques kilomètres de plus, dans deux ans davantage et ainsi de suite. La dimension et le tonnage des navires augmentant sans cesse, le chenal de l'Elbe, aujourd'hui profond de 10 mètres, sera dragué à 11 mètres, puis à 12, afin que les plus grands paquebots puissent toujours, comme aujourd'hui, remonter jusqu'à Hambourg: la longueur de ce chenal est de 110 kilomètres, sans écluses nulle part. Les aménagements de Hambourg, depuis trente ans, m'apparaissent comme la plus grande somme d'efforts humains accumulés sur un même point.

Si l'on cherche à analyser l'impression unique ressentie devant cet entassement de travaux, on se rend compte que la cause première est dans la disposition des bassins en patte d'oie, ou plutôt en barbes de flèches implantées sur une tige commune, l'Elbe large de 800 mètres, où vient converger tout le mouvement. Les créateurs du port de Hambourg ont éperonné chaque promontoire des bassins, à leur confluent dans le fleuve, de têtes de hangars qui sont de véritables forteresses en briques rouges, à porches en ogive, frontons à mâchicoulis, écussons orgueilleux, tourelles en surplomb; telles une vingtaine de bastilles féodales bâties en tous sens, non pour attaquer, mais pour défendre la liberté du port; vision fantastique que l'on a peine à croire une réalité.

Ici, l'échelle de toutes choses, comme leur nombre, dépasse les mesures connues; ces 520 ponts qui enjambent les canaux, quelques-uns monumentaux et ornés de statues géantes; ces 780 grues électriques, à vapeur, hydrauliques, qui se pressent tous les 30 mètres le long des quais, et parmi elles plusieurs pouvant lever 70, 100, 150 tonnes; ces navires innombrables, au travers desquels des colosses qui semblent remplir tout un bassin; ce mouvement incessant, fiévreux, strident de remorqueurs, de bateaux-omnibus, de grands vapeurs, de canots à pétrole qui fusent comme des pièces d'artifice dans cette eau agitée, par tant de moteurs en action, d'une houle jamais apaisée : voilà ce que l'on ne voit nulle part ailleurs.

Il faut être dans ce cadre pour comprendre la nouvelle statue de Bismarck qui se dresse comme une apothéose de pierre sur la hauteur de Saint-Pauli dominant l'Elbe et le port. La statue et son piédestal ont 36 mètres de hauteur. Le fondateur de l'unité allemande, debout, en armure de chevalier teuton, tient les deux mains appuyées sur la croix de son épée, une épée gothique droite, haute de 9 mètres; un manteau est jeté sur ses épaules, tombant jusqu'à terre. L'homme, tête nue, regardant l'Elbe sillonné de plus de bateaux qu'aucun fleuve n'en a jamais portés, semble contempler son œuvre. C'est formidable et vrai; reproduit sur une carte postale, c'est quasi grotesque.

De même que, en jaugeant un fleuve à son embouchure, on se rend compte, l'évaporation naturelle étant écartée, de la quantité d'eau qui tombe dans son bassin, de même c'est dans le port maritime créé à son estuaire que l'on retrouve la masse de matières premières qui y entrent et de produits qui s'exportent. Et ceci n'est point une figure de rhétorique, mais une exacte réalité.

Le mouvement des marchandises allemandes correspond, d'une façon à peu près rigoureuse, à son régime hydrographique, attendu que, bien plus qu'en France, c'est par les rivières que se fait le gros trafic.

Un des nombreux voyageurs qui, impressionnés par Hambourg, en entreprirent la description, s'adressa un jour à un négociant français de la place pour se faire renseigner. Enumérant toutes les provinces dont Hambourg est l'exutoire, le voyageur nomma l'une des plus riches, des plus productives de l'empire, la Silésie.

« A Hambourg nous ne connaissons pas la Silésie, répondit le négociant. »

Et le voyageur écrivit : « Les Hambourgeois méprisent les Silésiens »; on pourrait retrouver le passage. Il s'était trompé sur le sens de la réponse. L'interviewé voulait dire que Hambourg n'appartient pas au bassin du fleuve qui dessert la Silésie; cette province, dont la capitale est Breslau, ville de 500 000 habitants, est baignée par l'Oder qui va se jeter dans la Baltique vers Stettin; c'est donc Stettin qui est son exutoire.

Six fleuves d'importance inégale se partagent le pays. A l'ouest, le plus considérable, le Rhin et ses affluents drainent, ainsi que je l'ai dit, la production de la Westphalie, et, en remontant, celles de Cologne, Coblentz, Mayence, Francfort, Wiesbade, Mannheim, Carlsruhe et Strasbourg. Si Rotterdam était allemand au lieu d'être hollandais, Hambourg serait dépassé.

Les Allemands se sont efforcés de détourner, grâce au canal de Dortmund à Emden, une partie du trafic qui leur échappe par la Hollande.

Le deuxième fleuve, le moins important de tous, est la Weser, qui arrose la Frise, pays pauvre dont les habitants, race énergique, arrivent à tirer quelques ressources. Près de son embouchure est Brême, et, plus au nord, Bremerhaven et Geestmünde, dont le développement apparaît comme un phénomène de volonté et de persévérance.

Ensuite l'Elbe, le fleuve germain par excellence. Tant vaut l'Elbe, tant vaut Hambourg. Or, le bassin de l'Elbe, c'est Berlin par la Sprée, Magdebourg, Dresde, toute la Saxe, Leipzig, Chemnitz, Halle par la Saale, le Hanovre, le Hartz, Stassfurt, et, plus loin encore, la Bohême.

L'Oder draine la Silésie, l'est du Brandebourg et une partie de la Poméranie.

Puis, la Vistule, exutoire de la Pologne prussienne et russe, Posen et Varsovie et de la Prusse orientale. Son port est Danzig.

Reste, en dernier lieu, la Poméranie orientale, arrosée par la Prégel qui se jette dans la Baltique à Kœnigsberg.

Au sud-est, la Bavière est tributaire du Danube; en attendant sa jonction avec l'Elbe, elle n'a vers le nord que des voies ferrées.

Depuis longtemps existe aussi un projet de réunir, par un canal transversal, les cinq fleuves allemands vers le milieu de leur cours. Autour de ce projet, les intéressés se battent avec âpreté; et comme on n'a pu, comme on ne pourra pas les mettre d'accord, Dieu sait quand il s'exécutera! En parler serait, non décrire le présent, mais explorer l'avenir.

Avant 1888, tout le territoire de Hambourg était franc de douane. On y pouvait recevoir des matières premières du monde entier, les manutentionner, fabriquer, raffiner, etc., etc., et les réexpédier dans le monde entier.

Seulement, quand on quittait Hambourg pour se rendre dans l'intérieur, se tenait, à côté du guichet aux billets, un agent de la douane allemande qui vous faisait ouvrir votre valise et pour chaque objet soumis aux droits, acquitter la taxe. Donc les Hambourgeois, en réalité, n'avaient la liberté commerciale que pour les produits qu'ils recevaient et consommaient sur leur propre territoire. Mais partout où ils voulaient les expédier, une barrière douanière se dressait.

Cette situation leur parut un jour si peu avantageuse que, après enquêtes, statistiques, calculs et conférences, ils consentirent à entrer dans le droit commun de l'empire, c'est-à-dire à perdre cette liberté commerciale qui n'était qu'un mirage.

Toutefois, ils maintinrent au port seul et à une zone très réduite la franchise absolue. Cette délimitation ne fut pas fixée d'une façon définitive, et au fur et à mesure que le port s'est agrandi, le limites de la douane se sont reculées de nouveau et se reculeront encore.

Dans l'enceinte de ces limites se trouvent non seulement tous les bassins, docks et entrepôts, mais encore un certain nombre d'usines préexistantes, et quelques nouvelles firmes qui ont obtenu la permission de s'y installer.

Telle fut, dans son ensemble, l'œuvre législative de 1888, qu'on a bien improprement appelée la création du port franc de Hambourg, puisque, en réalité, elle fut la suppression pure et simple de la liberté commerciale dans l'Etat de Hambourg, et sa réduction à la superficie strictement délimitée du port et de ses dépendances.

Dans ces dépendances, je le répète, les industriels continuent à traiter et manipuler librement toutes les marchandises, mais ne peuvent en trafiquer au sortir de l'enceinte, c'est-à-dire même dans la ville de Hambourg, qu'en acquittant les droits.

Et le calcul du législateur de 1888 s'est trouvé si juste que la plupart de ces industries disparaissent les unes après les autres et vont se réinstaller dans la ville ou dans ses environs, en territoire défranchisé. Exception faite toutefois des ateliers qui ne travaillent que pour la mer, tels que les chantiers maritimes par exemple, dont l'intérêt à la franchise douanière saute aux yeux.

Hambourg s'est développé, comme *ville industrielle*, surtout depuis 1888, c'est-à-dire depuis qu'elle n'est plus une ville franche de douanes. Il y aurait, sans doute, témérité à affirmer que ce développement eût été enrayé si sa franchise avait été maintenue ; mais tout le monde s'accorde à dire que le nouveau régime ne lui a pas nui, puisqu'elle est aujourd'hui, après Berlin et peut-être Leipzig, la première place de l'empire au point de vue de la production.

On disserte à perte de vue sur l'établissement des ports francs; chaque ville maritime voudrait avoir le sien, espérant par là devenir un grand entrepôt de marchandises importées, et accessoirement un centre industriel prospère. Le premier point de vue est juste; quant au second, c'est autre chose. Pour faire de la production au plein air de la concurrence universelle, il faut être à la tête du progrès, travailler en grand avec un personnel qui ne s'endorme pas sur la besogne et un outillage de premier ordre. Hors de ces conditions, il importe assez vaguement que l'on soit en dedans ou en dehors de la barrière douanière.

Hambourg fut une des places les plus touchées par la crise américaine de 1908, surtout au point de vue maritime. On a néanmoins continué à creuser des bassins, à élever des monuments, à bâtir des usines, à démolir les vieux quartiers: vieux est un terme relatif, car les plus anciens sont postérieurs à 1842, date de l'incendie qui dévora toute la ville. Une très belle percée, d'une largeur de 40 mètres, est en pleine exécution, qui unira la nouvelle gare au nouvel hôtel de ville. Il y aurait là, sur 1 kilomètre de longueur, pour un entrepreneur de démolitions comme pour un entrepreneur de bâtisses, une intéressante étude à faire du matériel mécanique propre à ces deux genres de travaux; car on procède à une coupe d'immeubles de plus de 150 mètres de largeur. Je vois en rêve nos entrepreneurs aussi bien outillés que leurs confrères de Hambourg et les Parisiens ne payant pas leurs appartements plus cher qu'ici: mais ce n'est qu'un rêve!

Il ne faudrait pas croire cependant que la vie y soit bon marché. Chère elle était au temps de la liberté commerciale, chère elle est restée depuis; plus chère qu'en toute autre ville allemande. Beaucoup de gens riches, des salaires élevés, un budget municipal de plus de 150 millions, voilà des causes.

La ville est tenue et administrée d'une façon remarquable; plusieurs de ses services publics sont des modèles que l'on vient voir de fort loin: l'hôpital d'Eppendorf, constitué par un essaim de villas disséminées dans une forêt, l'organisation du filtrage et de la distribution des eaux de l'Elbe, les abattoirs, le service des ordures ménagères, etc.

On a vu le fonctionnement de ce dernier service à Berlin: à Hambourg, le problème a été résolu d'une façon différente, brutale mais radicale au point de vue de l'hygiène, l'incinération. On a 500 tonnes en été, 300 tonnes en hiver à faire disparaître chaque jour, voilà le problème. Comme la question est à l'ordre du jour dans presque toutes les villes d'Europe, j'y insisterai.

Et d'abord, une première observation: les ordures ménagères sont très différentes d'une ville à l'autre, suivant le combustible qu'on y brûle, l'alimentation plus ou moins animale ou végétale, le genre de vie de la population; et dans une même ville, elles varient sensiblement d'une saison à une autre, variations nullement indifférentes, quant au type de fours à adopter.

A Hambourg, en 1896, on avait construit des fours d'un modèle importé d'Angleterre; mais il se trouvait que les détritus hambourgeois n'étaient pas les mêmes que les détritus anglais; il fallut modifier ces appareils. D'ailleurs, les études et les essais sont poursuivis sans relâche, et à côté des trente et quelques fours en service, il en est deux munis des instruments de contrôle et de recherches nécessaires pour étudier toutes les modifications utiles. Un laboratoire occupé par trois chimistes est affecté à ces travaux.

Des voitures à caisses de fer, démontables et fermées, ramassent en ville les ordures, de minuit à huit heures du matin; elles sont amenées sur le côté du massif des fours; un pont roulant électrique enlève la caisse, l'emporte au droit de la gueule verticale d'un four; une trappe s'ouvre à l'arrière incliné de la caisse et la charge est précipitée dans le fourneau; là, elle s'étale sur une sole horizontale; on l'allume, on ferme l'orifice et un ventilateur puissant y entretient la combustion sous une pression de 40 à 50 millimètres d'eau. Au bout d'une heure et demie, la calcination est achevée. Il reste alors un résidu, moitié coke et moitié mâchefer, que des ouvriers attirent au dehors par une porte de côté et font tomber incandescent dans des wagonnets où une douche d'eau l'éteint. Ce résidu, qui représente 50 à 65 p. 100 du poids des ordures initiales, contient beaucoup de cendres et tous les corps minéraux ou incombustibles que les voitures ont ramassés dans les rues: terre, poteries, verre, ferrailles, etc. Un concasseur divise grossièrement le tout; après quoi, un triage à la main enlève les parties métalliques utilisables dans les usines métallurgiques; et le reste est passé à un tamis tournant qui le divise en lots de quatre grosseurs différentes, avec lesquelles on fait du cailloutis pour les routes, du béton ou des briquettes pour les constructions.

Les gaz de la combustion, après avoir quitté le four, aux environs de 600 degrés, sont dirigés dans une grande chambre où ils déposent une partie de leurs poussières, et de là, convergent dans un canal central qui les conduit à quatre chaudières à vapeur de 170 mètres carrés de surface de chauffe chacune, dont ils lèchent les parois.

La vapeur de ces chaudières actionne plusieurs machines dont l'ensemble représente 500 à 600 chevaux. Cette force transformée en énergie électrique est utilisée, pour une faible part, aux appareils mécaniques de l'établissement et, pour la plus grande partie, transportée à une certaine distance, dans d'autres services municipaux.

Telle est l'économie générale de l'installation. Chaque tonne d'ordures ménagères revient à 2 fr. 25; voilà pour la dépense; 300 tonnes de ces résidus fournissent 600 chevaux-vapeur de vingt-quatre heures; voilà pour la recette. Quant aux mâchefers, j'ignore quelle est leur valeur d'utilisation.

Sans aucun doute, le procédé qui consiste à épandre au loin ces ordures sur les terres à titre d'engrais, après que des chiffonniers nocturnes en ont extrait tous les débris utilisables, est d'un profit bien supérieur, mais l'hygiène le proscrit, et quand l'hygiène a parlé, les Allemands se soumettent.

Les travaux du laboratoire et les instruments dont se servent les chimistes pour les exécuter sont tout à fait inédits. Ce sont, outre les réactifs et les instruments nécessaires aux analyses de gaz, des thermomètres à transmission électrique des températures qui enregistrent dans le laboratoire même, à l'aide d'un stylet sur une feuille de papier, la température des fours d'essai pendant toute la durée de l'opération, la température de l'air à l'entrée, celle des gaz dans la grande conduite et, enfin, celle de ces mêmes gaz après le chauffage des chaudières. Cet appareil est de l'invention de l'ingénieur français Le Châtelier. Rien n'est ménagé pour pouvoir suivre rigoureusement toutes les opérations et en tirer des conclusions qui se traduisent par des améliorations. C'est l'état d'équilibre perpétuellement instable que l'on observe dans toute l'industrie allemande; c'est aussi une fois de plus, la constatation que l'administration marche à la tête du progrès et qu'on travaille avec autant d'ardeur dans les services publics que dans l'industrie privée.

En 1909, on a livré à l'exploitation à Hambourg un palais de style gothique flamboyant, très haut, très large, très profond et très décoratif. C'est le service central des téléphones, le plus vaste du monde, dit la notice, et je le crois, car il n'y a rien en Europe de comparable; il faudrait peut-être vérifier en Amérique.

Quoi qu'il en soit, il a été construit pour desservir 80 000 abonnés. La moitié seulement de l'édifice est occupée, Hambourg n'en a encore que 25 000; mais comme personne ne doute que la ville n'ait, un jour prochain, 2 millions d'habitants, et elle en prend le chemin, on n'a pas hésité à construire, d'un seul jet, le monument en prévision.

Jamais je n'ai tant regretté mon ignorance dans l'art d'organiser un service téléphonique que le jour où un employé supérieur de l'établissement, avec une obligeance, une minutie de détails et une patience angéliques m'en expliqua le fonctionnement. Certainement cette installation a dû être décrite dans les revues techniques françaises; je crois même que le projet complet figurait dans une exposition d'électricité.

Voici ce que le profane peut en retenir: toutes les communications demandées sont inscrites avec le numéro de l'appelant, sur une carte de papier, par la demoiselle qui répond; ce carton est lancé dans un tube pneumatique, en même temps que composté par un tampon rotatif qui marque l'heure, la minute et la seconde; la fiche parvient comme une flèche au bureau de l'employée qui doit donner la communication: elle inscrit le numéro de l'ap-

PORT DE HAMBOURG. — Le nouveau bassin de la Hamburg-America-Linie. *(Cliché H.-A.-L.)*

pelé, l'heure de cette communication est poinçonnée sur le carton et aussi l'heure où la communication est rendue; tout cela absolument automatique : et quand c'est fini, la carte retourne par une bande sans fin vers un contrôleur qui les amasse, de telle façon que toute communication laisse une trace, que tout retard dans la transmission est inscrit par le composteur, que la durée de la communication est automatiquement notée. Voilà pour le fonctionnement. Quant au résultat, il est pratiquement celui-ci : vous appelez le Central et lui donnez le numéro de votre correspondant; la demoiselle vous le donne; là s'arrête son rôle vis-à-vis de vous; vous n'avez plus qu'à attendre la réponse; si elle ne vient pas, c'est que le correspondant ne répond pas. Ce correspondant peut ne pas être libre, dans ce cas, l'employée vous l'a signalé; mais si elle s'avisait de répondre faussement « pas libre », comme tout appel est enregistré, heure, minute et seconde, rien ne serait plus facile, après enquête, que de découvrir sa petite supercherie.

Il y a aussi devant elles une multitude de petites lentilles de verre éclairantes ou obscures suivant que le circuit est ouvert ou fermé entre tels et tels numéros. Et tout cet ensemble de fiches, de cartons, de petites lampes, de composteurs, d'aspirations pneumatiques, passe, souffle, repasse, disparaît, reparaît, s'imprime, s'éclaire, s'éteint, s'évanouit avec une telle volubilité, sans que personne ait l'air d'y toucher, que le visiteur non initié en reste médusé.

A retenir, toutefois, que, grâce à un système de coupe-circuit fort ingénieux, les chances d'incendie sont écartées. En outre, tous les appareils, tous les câbles, tous les éléments du service sont parfaitement éclairés et accessibles; et, rien n'est plus aisé que d'y travailler en n'importe quel point.

CHAPITRE XVIII

« L'Avenir est sur l'eau » (*suite*)

La crise du fret maritime. — Il faut démolir les vieux navires. — La Compagnie Hamburg-Amerika à Londres. — Des débouchés à tout prix. — Les chantiers navals de Blohm et Voss. — Le plus grand dock flottant du monde. — L'œuvre et les procédés d'Hagenbeck.

L'âme de Hambourg, ce sont les compagnies de navigation. Les deux lignes géantes, la *Hamburg-Amerika Linie* de Hambourg et le *Norddeutscher Lloyd* de Brême, ont engagé contre les grandes Compagnies anglaises, sur tous les points du monde, une lutte acharnée.

Mais la courbe ascendante de leurs accroissements avait trouvé un point de rebroussement en 1908. On était accoutumé depuis dix ans, pour l'une comme pour l'autre de ces sociétés, à voir les tonnages de leurs flottes s'accroître de 50 000, 75 000, 100 000 tonneaux par année. La *Hamburg-Amerika* comptait : 25 000 tonnes en 1867; 50 000 en 1877; 85 000 en 1887; 350 000 en 1897; 925 000 en 1907. Ces chiffres disent tout. En 1908, il y eut un recul et l'on resta à 915 000 tonnes.

J'ai sous les yeux les bilans de la *Hamburg-Amerika Linie*, notamment celui du 31 décembre 1908 et le rapport de son conseil d'administration du 30 mars 1909: modèle de franchise et d'analyse attentive de toutes les causes de la dépression. Il commence par accuser un bénéfice net, tous intérêts d'obligations payés, de 12 888 552 marks (environ 16 millions de francs) contre 25 235 500 marks en 1907 et 36 142 987 en 1905. On aurait pu donner un dividende; mais on a l'habitude de faire des réserves et des amortissements atteignant, dépassant même 20 millions de marks; on a donc mis tout le bénéfice à l'amortissement.

Ces grosses réserves ont pour objet le renouvellement incessant des unités navigantes; l'âge moyen de la flotte ne dépasse pas huit années et neuf mois; il n'atteignait pas huit ans en 1907.

De l'examen général de ce compte rendu, il résulte que sur les soixante-sept lignes de la Compagnie, les unes, comme celles d'Afrique, avaient peu faibli; les autres, celles d'Extrême-Orient, seraient plutôt en augmentation; mais que tout le trafic avec l'Amérique du Nord était en pleine dépression. L'émigration d'Europe sur New-York, en grande partie faite par les Compagnies allemandes, grâce à leurs services de Gênes et de Naples aux Etats-Unis, avait passé de 1 400 000 personnes à 350 000, faiblissant ainsi de plus d'un million: à 50 francs par émigrant, c'est une perte sèche de 50 millions pour toutes les compagnies de navigation. Il s'est même manifesté une émigration à rebours, c'est-à-dire un retour des pauvres émigrants dans leur mère patrie.

Enfin, le trafic ayant diminué sur l'ensemble de la planète, et le nombre des navires n'ayant cessé de s'accroître, le fret, comme il arrive toujours, est tombé à rien, car une multitude affamée de *Tramps* (navires irréguliers) le disputent à tous prix aux compagnies à services fixes.

On estimait qu'il y avait alors dans le monde 2 millions de tonnes de navires désarmés! Que les affaires reprissent modérément, vigoureusement, ou à toute vapeur, jamais tous ces navires ne pourraient trouver dans le trafic mondial assez de fret pour gagner leur vie; empêcher les autres de prospérer, voilà leur rôle.

Pourquoi? Parce que, depuis dix ans, les transports nécessités par les guerres successives anglo-boers et russo-japonaises ont donné lieu à une activité anormale dans la construction des navires. Non seulement on a commandé des masses de bateaux neufs pour le service des troupes, mais la plupart des grandes compagnies ont vendu aux États belligérants leur vieux matériel pour en commander immédiatement du neuf; telle la Hamburg-America, qui a vendu aux Anglais, en 1902, près de 100 000 tonnes de vieux paquebots et en a, sans tarder, construit pareille quantité.

Les paix conclues, tous ces navires disponibles pour le commerce se sont mis en quête de fret sur les divers points du globe.

C'est ici qu'apparaît la sagesse du principe qui ordonne de détruire au lieu de vendre tout matériel dont on renonce à se servir. Pour l'avoir méconnu, la marine marchande mondiale et, avec elle, les chantiers de construction ont passé par une situation des plus critiques.

M. Ballin[1], qui est parmi les hommes d'affaires un des esprits les plus nets, les plus audacieux et les plus fertiles en ressources de notre époque, a pro-

1. M. Ballin est depuis plusieurs années le directeur général de la Hamburg Amerika Linie.

posé la seule solution possible suivant lui : le retour au principe méconnu et la formation d'une caisse constituée par toutes les grandes compagnies mondiales de navigation, pour le rachat et la démolition immédiate des vieux navires.

L'année 1909, pour la *Hamburg-Amerika Linie*, se termina dans de meilleures conditions ; le bénéfice brut s'est élevé à 41 millions de francs ; les actionnaires ont reçu un dividende de 6 p. 100, et 27 millions ont été affectés aux constructions neuves, dont l'essor, un instant suspendu, a repris de plus belle. Pour 1910, le dividende est fixé à 8 p. 100.

Parmi ces navires en construction figure un paquebot géant, qui dépassera en dimensions tout ce qui a été construit jusqu'à ce jour, même l'*Olympic* de la Withe Star Line. Ce Liner vient d'être commencé dans les chantiers *Vulcan* de Hambourg ; il mesurera 268 mètres de longueur, 29 m. 80 de largeur et jaugera 53 000 tonneaux. Ses hélices seront actionnées par des turbines Parsons. On n'y recherchera pas la vitesse, mais avant tout le luxe, le confortable et la stabilité. Un emplacement énorme sera réservé aux marchandises.

Le siège social de la Compagnie, à Hambourg, est neuf, vaste, mais sobre et sans prétention. On n'a pas imité le Lloyd dont l'hôtel est le plus beau palais de Brême. L'aménagement est avant tout pratique.

C'est là que j'ai vu pour la première fois, en 1905, un de ces ascenseurs continus que les principales administrations publiques ou privées de Hambourg ont maintenant adoptés. Une chaîne à godets verticale porte en guise de godets un certain nombre de cages d'ascenseurs où deux personnes peuvent se tenir debout. La chaîne est constamment en mouvement de huit heures du matin à huit heures du soir et chaque cage, fermée de trois côtés et ouverte du côté des paliers à desservir, ne cesse de passer et de repasser, montant d'un côté, descendant de l'autre, devant tous les étages de l'établissement. Seulement, à l'inverse des godets d'une drague qui montent la gueule en l'air et descendent la gueule en dessous, les cages, grâce à un mécanisme de suspension très simple, montent et descendent sans se renverser, de telle sorte qu'un voyageur pourrait rester indéfiniment dans une cage; il monterait de la cave au grenier, redescendrait du grenier à la cave, pendant douze heures d'horloge impunément. Les cages se succèdent espacées verticalement de 3 mètres en 3 mètres. Quand le plancher d'une cage arrive au niveau du sol d'un étage, l'amateur qui désire monter entre tranquillement dans la cage et il en sort quand elle atteint le niveau de l'étage voulu; même manœuvre pour redescendre; et les dispositions sont si bien prises que, voulût-on se blesser, on y parviendrait difficilement.

Si la Compagnie Hamburg-Amerika s'est abstenue de luxe tapageur à Hambourg, elle ne s'est pas privée ailleurs de réclames qui attirent les regards. Son budget de publicité dépasse plusieurs millions, si l'on peut appeler publicité, non seulement ses innombrables tableaux et prospectus, mais les sièges éblouissants de ses agences qui, dans chaque ville, recherchent toujours le plus bel immeuble.

Quand, à Londres, on va de Trafalgar-Square à Haymarkett par la Pall Mall, où s'alignent les sièges des grandes compagnies anglaises de navigation, un édifice de construction et de style allemands domine tous les autres en hauteur et en largeur. En très grosses lettres on lit la devise connue : « *Mein Feld ist die Welt*[1] », de la Compagnie hambourgeoise. Com-

1. Mon champ d'action est le monde.

prend-on quels sentiments doivent causer aux maîtres de la mer ces quatre mots étrangers étalés à 100 mètres de la statue de Nelson! Jusqu'à la fin du dix-neuvième siècle, l'Angleterre était l'unique nation ayant, de tradition invétérée, une politique mondiale; aujourd'hui, le partage s'impose[1].

Sans doute, elle aura toujours la toute-puissance grâce à sa marine, à sa richesse et à ses colonies, grâce surtout à une diplomatie absolument supérieure qui lui amène, à son gré et à point nommé, les alliances dont elle a besoin; mais à moins qu'elle n'abandonne (et ce n'est point impossible), son conservatisme et son dédain pour la science appliquée, sa suprématie économique passera vraisemblablement à l'état de souvenir.

Déjà, dans la lutte de vitesse et de masse entre liners transatlantiques, il lui a fallu dix années d'efforts, et quels sacrifices d'argent! pour regagner les records battus par le Lloyd et la Hamburg-Amerika; et le gouvernement anglais a couvert d'or la Cunard, le jour où elle a triomphé; tandis que, contrairement à ce que l'on croit, les compagnies allemandes ne touchent aucune subvention, sauf la rétribution très modeste du service postal. Et, pourtant, le gouvernement de l'empire ne demanderait qu'à les aider, afin de les avoir dans sa main. A quoi M. Ballin a répondu de façon à couper court à de telles velléités :

« La navigation prospère grâce à la liberté. De

1. L'émulation entre les compagnies de navigation prend toutes les formes, même les plus inattendues. En novembre 1910 les journaux de Hambourg annonçaient qu'un paquebot allemand venait de battre un record : les passagers de ce bateau avaient dû acquitter pour leurs bagages personnels à la douane de New-York, une somme supérieure à 40 000 dollars. Jamais pareil chiffre n'avait été atteint par aucun liner.

même que les compagnies jouissent d'années prospères, de même il faut qu'elles sachent en traverser de mauvaises. Quiconque ne sait pas supporter les années défavorables doit en subir les conséquences. Qui ne peut marcher seul doit succomber un jour ou l'autre. Il faut savoir créer et entretenir le trafic. Là où l'Etat a créé des moyens de transport sans que cette condition fût remplie, il y a toujours eu insuccès. »

Langage fier et sensé, utile à méditer par tous les sectateurs de l'Etat-Providence!

M. Ballin n'est point homme à s'en tenir aux discours. En présence de la crise américaine, il a fait observer que le nombre des départs hebdomadaires de paquebots à marche rapide pour New-York était de beaucoup supérieur aux besoins des voyageurs; dès lors, il a proposé une entente internationale, d'après laquelle on limiterait ces départs suivant un certain roulement, afin que l'on ne voie plus, comme aujourd'hui, une demi-douzaine de grands liners partant le même jour pour les Etats-Unis de Liverpool, Southampton, Le Havre, Anvers, Brême et Hambourg.

Ces questions sont suivies avec passion, non seulement dans les ports, mais par toute l'Allemagne moderne. La propagande vigoureuse de la *Flotte-Verein* a porté ses fruits. Il est inutile que l'empereur redise sa phrase : « Notre avenir est sur l'eau[1] », tout le monde en est convaincu.

A tout prix, il faut à l'Allemagne des débouchés extérieurs. Sans colonies et sans espoir d'en acquérir, puisqu'il n'en reste plus à prendre et que, d'ailleurs, elle s'entend assez mal à coloniser, le régime

1. Il est curieux de rapprocher cette phrase d'un très vieux dicton portugais « O futuro do Portugal esta no mar ».

Cliché Blohm et Voss.

Grand dock flottant de Blohm et Voss, à Hambourg.

Vue prise en février 1909, l'Elbe étant gelé.

de la porte ouverte est ce qu'elle demande et elle ne demande rien autre, ne redoutant personne, pour le moment, comme producteur. Tous les malentendus relatifs au Maroc provenaient uniquement de la crainte que ce marché de vente et d'achat ne lui fût un jour consigné. D'autres difficultés pourraient naître encore si l'intransigeance de nos protectionnistes français parvenait à obtenir des tarifs prohibitifs. Ces quelques mots expriment l'opinion de la plus éminente autorité qu'un Français puisse consulter en Allemagne.

Connaissant quelques grands chantiers maritimes anglais remis à neuf, j'avais le plus vif désir de visiter des chantiers similaires allemands.

Toutes les nations qui veulent maintenir une marine, militaire ou marchande, sont en train de transformer complètement leurs forges, leurs chantiers de construction, leurs navires et leurs ports. Quatre nations seulement se sont résolument mises à l'œuvre : l'Angleterre, l'Allemagne, les Etats-Unis et le Japon. Les autres s'étagent en arrière les unes derrière les autres.

Bien que la construction des navires soit une industrie de date récente en Allemagne, elle n'a pas hésité à bouleverser ses chantiers presque neufs et à les remplacer par des installations modernes; et, du même coup, les a considérablement agrandis.

Les principales installations sont celles de *Vulcan*, à Bredow, près Stettin, d'où sont sortis quelques-uns des plus grands navires du monde; les chantiers *Germania*, à Kiel, appartenant à Krupp, mais réservés à la marine militaire; les chantiers de *Delphin*, à Bremerhaven, les nouveaux chantiers de *Vulcan*, à Hambourg, qui, à peine achevés, viennent (1910) d'être chargés par la H. A. L. du paquebot géant dont j'ai parlé; et, enfin, la plus connue et la plus ancienne de toutes les firmes navales, *Blohm et Voss*, à Hambourg.

Comment expliquer que, au moment où l'on propose de démolir pour quelques centaines de millions de navires sans emploi, on engloutisse un nombre au moins égal de millions à créer des moyens expéditifs d'en construire de nouveaux? Ce n'est pas ce que j'allais demander à Blohm et Voss le jour où je frappai à la porte de leurs chantiers, mais seulement l'autorisation de les visiter.

On m'introduisit sans difficulté auprès d'un homme déjà âgé, au visage pourpre et à l'œil prodigieusement malin. Ma demande faite, il se leva comme un ressort: « Vous voulez faire un livre! s'écria-t-il; si c'est un ouvrage technique, il n'en manque pas, voyez », et, courant vers une grande table, il en rapporta une brassée d'ouvrages sur les constructions navales. « Si ce livre est pour le public, alors c'est un non-sens; le public n'a pas besoin de savoir comment on fait les navires. » Et tout cela avec une verve endiablée, sur un ton moitié colère, moitié goguenard.

Me croyant repoussé avec perte, je préparais mon demi-tour, lorsqu'il téléphona à un ingénieur et lui dit sans transition:

— Vous allez conduire Monsieur à travers les chantiers et lui montrer tout ce qu'il y a de plus neuf.

Quand je fus seul avec l'ingénieur:

— Quel est le nom de ce directeur? lui demandai-je.

— C'est mon patron, M. Blohm.

Règle générale, rien n'égale la facilité avec laquelle dans toute firme, on pénètre jusqu'aux grands chefs.

La recommandation de M. Blohm était bien inutile : je me demande ce qu'on aurait pu me montrer de vieux, sauf des démolitions. En réalité, tout est neuf. Neuf le chantier des constructions de navires; neuf aussi le grand dock flottant pour réparations; et je soupçonne le malicieux M. Blohm de n'avoir pas résisté au plaisir de le faire admirer.

Au-dessus du chantier des navires en construction, s'étend à 55 mètres de hauteur une sorte de baldaquin horizontal de 330 mètres de longueur sur 70 mètres de largeur entre les montants et qui repose sur des colonnes en poutrelles de fer; une multitude de ponts roulants sont suspendus sous le baldaquin et peuvent porter, à toutes les hauteurs et sur tous les points de la superficie, les pièces entrant dans la construction du navire. Tel est le système adopté maintenant partout pour les grosses unités.

Trois navires géants de 290 mètres sur 23 peuvent être construits simultanément. On vient précisément de lancer le premier cuirassé qui ait étrenné ce nouvel outillage; il est resté moins de dix-huit mois sur le chantier.

A quelques centaines de mètres est en construction un baldaquin du même type, où se feront la préparation, le cintrage, le cisaillage, le perçage des tôles et blindages. Quand cet atelier sera terminé, les constructions iront plus vite encore.

Mais l'appareil le plus extraordinaire est le dock de Blohm et Voss, dont les spécialistes en Allemagne parlent avec orgueil. Non seulement il est le plus grand qu'il y ait au monde, mais celui qui vient au second rang, à Baltimore, n'est que d'une capacité moitié moindre.

On sait que, par opposition à une cale sèche, qui reçoit dans ses flancs le navire à réparer, que l'on ferme par une écluse et que l'on vide ensuite, un dock flottant est une immense caisse à double fond et en forme d'U, une sorte de berceau. Si on remplit d'eau le fond et les branches de l'U, la caisse s'enfonce, alors le navire à réparer peut entrer dans l'U; des pompes extraient l'eau qui remplit les branches et le fond, et, tout le système remontant à la surface, le navire se trouve à sec dans son berceau de tôle.

Plusieurs remarques sont à faire sur cet appareil gigantesque, long de 350 mètres et large à l'intérieur de plus de 30. Les deux caissons, les deux branches de l'U, sont indépendants; si bien que le dock peut cueillir un navire qui donne de la bande (qui penche par suite d'une avarie) en prenant la même inclinaison que lui, manœuvre impossible en cale sèche. De plus, quand un navire repose par sa quille sur le fond du caisson, tous les points d'appui sont équilibrés pour supporter chacune le même poids, et toute déformation de la quille est évitée.

Somme toute, avec cet appareil on pourrait recevoir en pleine eau le plus grand navire qui existe, le *Mauretania*, qui pèse 33 000 tonneaux, le soulever de 11 mètres et le mettre complètement à sec en une heure et demie.

Au moment de ma visite, un paquebot de 16 000 tonneaux, le *Président Lincoln*, repose dans le dock flottant, semblable à un petit canot de plaisance qu'on aurait chargé sur une plate-forme de wagon.

Blohm et Voss sont des partisans résolus des docks flottants; ils en possèdent six, mesurant, placés bout à bout, 900 mètres de longueur, et pas une seule cale sèche.

En rentrant de ma visite, je retrouvai M. Blohm, flanqué cette fois de M. Voss, homme jovial et charmant. Alors, ils me reçurent en ami de la maison et me firent passer en revue eux-mêmes les modèles réduits, les photographies et les dessins des nombreux navires de guerre ou de commerce que leur firme a construits. A noter qu'ils refusent toute construction de bateau ayant moins de 110 mètres de longueur. Une de leurs dernières constructions est un croiseur à turbines de 15 000 chevaux pour la marine allemande, le *Dresden*. Le nombre de leurs ouvriers varie de 5 000 à 7 000.

Il n'est aucun voyageur qui, avant de quitter Hambourg, n'aille faire visite au *Paradis des animaux* d'Hagenbeck, à Stellingen.

Si l'on prend le tramway à côté de la nouvelle gare centrale (1907) qui, avec ses abords, a coûté 100 millions et dont les plans ont été annotés et corrigés par l'empereur, on arrive, après cinquante minutes de trajet, dans une plaine inhabitée et nue, devant l'entrée d'un parc tout neuf, même encore inachevé, où se dressent des constructions étranges et des rochers artificiels hantés par des lions et des tigres; sur leurs sommets bondissent des bouquetins et des chamois; plus loin, se creusant des vallons où pâturent buffles et girafes, apparaissent des lacs constamment agités par un peuple d'amphibies, au travers desquels semblent flotter des icebergs animés par des troupeaux d'ours blancs. Spectacle unique que la vue de cette faune exotique qui paraît jouir là de sa liberté native dans un cadre réel, truqué comme un décor d'opéra; si bien truqué, en effet, qu'à peine se rend-on compte comment ces fauves, tout différents de ceux qui se balancent en cadence, tristes derrière les barreaux d'une cage, ne bondissent point dans leur libre promenade jusqu'au spectateur qui semble à leur portée.

Quelle pensée a présidé à cette création extraordinaire de M. Hagenbeck, le pourvoyeur mondial des jardins zoologiques et des ménageries.

Lui-même me l'a expliqué, en me faisant faire

un jour, en compagnie d'un de ses fils et de sa petite-fille de neuf ans, jolie et superbe enfant aux yeux noirs, la tournée du propriétaire.

« J'ai voulu offrir à mes compatriotes un spectacle amusant et instructif, donner aux animaux un semblant de liberté favorable à leur santé et qui me permet de les étudier parfaitement; car mon but est d'arriver à l'utilisation de certaines espèces considérées comme rebelles à la domestication; enfin, je ne le cache pas, je poursuis, par un perpétuel mouvement de ventes et d'achats, un but commercial. J'ai des trappeurs dans le monde entier qui ne travaillent que pour ma maison, et je fais reproduire ici même une grande quantité d'animaux sauvages. Beaucoup d'animaux ne peuvent être dressés parce que l'homme ne sait pas s'y prendre; quant au choix entre le grand air et une atmosphère chaude, mais confinée, il est résolu par les animaux eux-mêmes, quelle que soit la latitude d'où ils viennent. Enfin, vous allez voir quels curieux croisements j'ai réalisés. »

Et, passant de l'explication à la démonstration, il me conduisit dans diverses parties du parc où des félins, des oiseaux des tropiques, des singes même sont, en hiver, libres d'opter entre des cages bien chauffées et le plein air; ils y passent la plus grande partie de leur journée, et aucun ne tombe malade; on n'en peut dire autant de ceux que l'on enferme.

Parmi les métis, un animal superbe, croisement de lion et de tigresse, âgé de huit ans, tient plus du père que de la mère; on le prendrait sans hésiter pour un lion, si le pelage fauve n'apparaissait nettement tigré.

Voilà, à côté de grands éléphants indiens dont la domestication est si facile, de petits éléphants d'Afrique, réputés impropres au dressage, et exécutant, cependant, au doigt du cornac, toutes sortes de travaux; puis dix-sept zèbres qui s'attellent à l'instar d'ânes ou de mulets; des ours blancs traînent une voiture.

Le plus curieux travail est celui d'un magnifique chimpanzé; j'avais vu récemment, à Berlin, un singe à bicyclette, le *consul Peter*; M. Hagenbeck me fit faire la connaissance de son pensionnaire *Ski*, qui court avec des patins sur la glace comme un professionnel. Mais Hagenbeck ne considère pas son œuvre comme achevée. Dans l'été de 1909, s'est ouverte la deuxième et plus importante section de son parc. On y voit un coin authentique de l'Afrique orientale. Une colonie de six races distinctes d'Ethiopie y est installée dans des demeures identiques à celles de leurs pays, avec tous leurs ustensiles : autour d'elles toute la faune de l'Ethiopie : girafes, chameaux, éléphants, zèbres, antilopes, dressés à divers travaux. Dans un enclos spécial sont des spécimens en grandeur naturelle d'animaux antédiluviens.

Et pour parcourir cet immense parc, le public se sert d'un petit chemin de fer en réduction, construit chez Borsig.

L'année 1910 a vu s'élargir encore le programme d'Hagenbeck. Il a tenté une création tout à fait extraordinaire et qui marque une étape nouvelle dans la carrière du célèbre marchand de fauves: l'élevage en grand, à Hambourg, de l'autruche africaine. Soixante couples d'autruche ont été installés dans une annexe du parc et ont donné, au cours de l'année, des rejetons qui ont parfaitement résisté et dont quelques-uns, d'une taille superbe, ont aujourd'hui vingt et un mois[1].

1. Voir dans *la Nature* du 18 juin 1910, la description complète de cet élevage.

Encouragé par cette réussite et par les bénéfices croissants que lui procurent les visiteurs, Hagenbeck s'est attaqué à un autre problème: le croisement industriel du zébu asiatique et de la vache européenne. Les produits de cet accouplement sont, m'a-t-il affirmé, réfractaires aux maladies épidémiques de la race bovine et, de plus, atteignent une taille gigantesque. Certains sujets pèsent jusqu'à 1500 kilogrammes. En ce moment même, Hagenbeck fait ajouter à son parc une ferme de 30 hectares, qui sera exclusivement réservée à cet élevage.

Et comme il ne faut jamais laisser s'attiédir la curiosité du public qui fournit, en somme, les fonds de toutes ces expériences, il organise, en outre, un grand aquarium dont les viviers à parois de verre sont surmontés de serres chaudes où s'épanouissent des plantes tropicales. De plus, comme il vient de découvrir, sur les bords de l'Amazone, un des derniers refuges de castors, il offrira au public, dès le printemps de 1911, un parc à castors, avec rochers, grottes, eaux courantes, souches de bois non équarris, où ces intelligents rongeurs se livreront aux travaux légendaires qu'on leur attribue.

Les créations d'Hagenbeck font grand bruit dans le monde. En France, on s'intéresse peu aux jardins zoologiques, puisque nous n'en possédons qu'un seul, à Paris, lequel est dans un si misérable état d'entretien qu'il vaut mieux n'en pas parler: mais à l'étranger on en est fort engoué; 30 villes dans le monde ont traité avec lui pour l'organisation de parcs à animaux. Je relève sur cette liste 3 villes en Angleterre, 7 en Allemagne, 3 en Russie, 2 au Japon, Pékin, Bruxelles, Rome, Milan, Mexico et 3 capitales de l'Amérique du Sud.

Hagenbeck compte enfin couronner sa carrière par une œuvre bien autrement retentissante. Une société

Le « Kaiser Wilhelm II » dans le dock flottant. (Cliché Blohm et Voss).

PARC D'HAGENBECK. — **Les rochers aux lions.** *(Cliché Hagenbeck.)*

américaine, composée de gros capitalistes et de plusieurs Compagnies de chemins de fer, négocie en ce moment avec lui pour l'organisation d'un parc de 10000 hectares, au nord du Texas, dans une région où abondent cours d'eau, montagnes, vallées fertiles et forêts vierges.

Il ne s'agit rien moins que de parquer là en liberté des représentants de tous les animaux qui vivent à la surface de notre planète. Déjà le devis, qu'Hagenbeck m'a montré, s'élève à une somme qui oscille entre 125 et 220 millions de francs; dans cette estimation sont compris des lignes ferrées, des hôtels, des magasins, une ville à bâtir.

Il va de soi que les financiers américains n'ont pas en vue une œuvre de philanthropes ou d'artistes, mais la mise en valeur de plusieurs centaines de milliers d'hectares, qu'ils possèdent en cette région déserte et qu'ils espèrent peupler plus encore avec des hommes qu'avec des animaux.

Toutefois, on peut espérer que se perpétueront là maintes races d'animaux tels que les éléphants, les rhinocéros, les girafes, les buffles, les hippopotames, que le génie de destruction dont l'homme est animé destine à disparaître.

M. Hagenbeck, qui habite Stellingen avec les siens et occupe de nombreux employés, me fait voir, avec un plaisir non dissimulé, car c'est un homme souriant et simple, les souvenirs et objets d'art que de grands personnages lui ont remis ou envoyés. Il parle avec orgueil de la récente visite de l'empereur et de l'impératrice, du kronprinz, des tournées fréquentes du prince Henri de Prusse, le grand maître de la marine allemande. Ce dernier, homme de sport par excellence, vient souvent à Hambourg, conduisant lui-même son automobile, un phaéton ouvert quelque froid qu'il fasse, même quand il voyage avec la princesse. Je l'ai vu descendre ainsi, sans cérémonie, à l'hôtel des Quatre-Saisons, où il lui est arrivé de n'être reconnu qu'après avoir dépouillé les attributs du chauffeur.

Les Français établis à Hambourg sont très peu nombreux, mais forment une petite colonie active et prospère. On apprendra avec plaisir qu'ils ont créé, en 1907, une association de bienfaisance, destinée à venir en aide à nos compatriotes de passage, à procurer des places aux jeunes Français désireux de s'installer temporairement ou définitivement à Hambourg. Le sympathique président de la *Société française de bienfaisance de Hambourg*, M. Jeand'Heur, possède dans l'« Alsterarkaden » et sur l'Alster l'un des magasins de détail les plus richement achalandés de la ville.

CHAPITRE XIX

« L'Avenir est sur l'eau » (suite)

Brême et Bremerhafen. — Geestmünde, modèle des ports de pêche. — La marée n'est jamais retardée. — « La mer nourrira la terre ». — Le traitement des déchets de poissons — Une rivière détournée. — L'expansion allemande à travers le monde.

Brême fait petite mais crâne figure à côté de Hambourg; loin de déchoir, elle s'accroît d'une façon continue, compensant une mauvaise situation géographique par une ténacité et une audace extraordinaires.

Elle a mis brillamment en évidence les deux principaux facteurs de sa prospérité. Le *Norddeutscher-Llyod* et le *marché des cotons.* Le siège du Lloyd est le palais d'un prince, la bourse des cotons est l'hôtel d'un milliardaire.

Mais, comme à Brême la Weser ne peut recevoir que des chalands ou de tout petits bateaux de mer, c'est à Bremerhafen, à 60 kilomètres au nord, qu'il faut aller juger de l'importance de ce port, le second de l'Allemagne.

Bremerhafen se compose de trois petites villes autrefois distinctes, aujourd'hui fondues en une seule agglomération de 70 000 habitants : Bremerhafen, quartier du port marchand, Geestmünde, port de pêche, Lehe, quartier des chantiers et des usines.

Le port marchand disposait, jusqu'à ces dernières années, de trois bassins à écluses de moyenne grandeur; depuis lors, on en a construit un quatrième. Cette organisation étant devenue insuffisante, on s'est mis à l'œuvre pour creuser deux nouveaux bassins de dimensions considérables, munis d'écluses de 250 mètres, de plusieurs kilomètres de hangars, et des appareils de manœuvre les plus modernes. Un seul est terminé et occupé; le deuxième le sera bientôt; après quoi on entreprendra l'excavation de trois bassins plus grands encore, avec écluses de 300 mètres.

En arrière des nouveaux bassins, on creuse, en ce moment, des cales sèches de 310 mètres. Tout au long de ces bassins s'alignent des kilomètres de hangars de 70 mètres de profondeur, sur 150 mètres de façade, moins luxueux, mais non moins pratiques qu'à Hambourg. A leur construction a été appliqué un système de charpentes en bois à tirants de fer tout à fait nouveau. Un entrepreneur de constructions trouverait là un sujet d'étude intéressant. Les pièces de bois sont de petit échantillon et une surface couverte de près de 5 000 mètres carrés ne repose que sur dix-huit poteaux; avantage inappréciable pour la manutention commode des denrées. L'ensemble des travaux en cours ou en projet représente beaucoup plus de 100 millions.

Une telle installation peut se voir en d'autres lieux; mais ce qui ne se voit nulle part ailleurs et ce que l'on vient étudier comme modèle, de toutes les parties du monde, c'est le port de pêche de Geestmünde, établi de toutes pièces par le gouvernement allemand, il y a onze années, moyennant une dépense de 13 à 14 millions.

Les pêcheries maritimes ont vu, depuis vingt-cinq ans, tripler leur importance, par suite de la diffusion et du bon marché de la glace artificielle et de l'adoption du chalutage à vapeur.

Jusqu'en 1880, les pêcheurs du Boulonnais et de Normandie passaient pour les premiers d'Europe et je crois bien qu'ils le sont encore; seulement, vers 1885, leurs concurrents anglais décidèrent presque tous de remplacer les navires de pêche à la voile par des navires à vapeur. Ces voiliers étant à vendre, les Français les achetèrent à bon compte, sans s'apercevoir qu'ils se laissaient ainsi distancer par l'Angleterre, qui créait à Grimsby, près de Hull, le plus vaste port de pêche qui existe et existera longtemps encore.

Pendant cette période, les Allemands, qui n'avaient aucune pêcherie organisée, étudiaient la question; l'empereur et les partisans de la plus grande marine germanique, entrevoyant dans le rude métier de pêcheurs une pépinière de marins pour le commerce et la guerre, se décidèrent à créer de toutes pièces un port joignant aux perfectionnements apportés à Grimsby, ceux qu'ils imaginèrent eux-mêmes.

L'œuvre menée avec une remarquable célérité fut achevée en 1897. Elle se compose d'un bassin étroit et long de 2 kilomètres, sur les bords duquel s'aligne une file ininterrompue de hangars de 900 mètres de développement.

Le poisson, amené le soir ou la nuit par les chalutiers, est déchargé à six heures du matin, tout à la fois, au palan, le long de ces hangars, et versé dans des caisses toutes semblables. Des commissaires-priseurs, assis dans des bureaux roulants que l'on promène de lots en lots, les vendent à la criée; en arrière de la file des hangers de criée, des portes s'ouvrent sur les magasins d'emballage; derrière ces magasins, les wagons frigorifiques attendent le poisson emballé.

Le principe primordial est qu'aucune formalité administrative ne doit arrêter la marée. Aussitôt chargés, les wagons sont emmenés et partent, de suite, dans toutes les directions.

Entre les commissionnaires, vendeurs et acheteurs, règnent des syndicats qui assurent à ces expéditions un ordre et une discipline parfaits. C'est grâce à ces dispositions que l'on peut, dans toutes les villes d'Allemagne et en tout temps, consommer du poisson frais et bon marché, avantage qui n'existe qu'en Angleterre, en Allemagne et dans les petits Etats, Belgique, Hollande.

Rien n'enchérit cette denrée comme la perspective que, sur 100 kilogrammes achetés, un marchand est exposé à en rejeter le tiers ou la moitié, parce que trop avancés; et rien n'en détourne le consommateur comme une semblable appréhension.

En cette matière, l'habileté des marins, les soins méticuleux des intermédiaires seraient impuissants en face de l'incurie ou de l'insouciance des administrations publiques.

Le double but cherché par les Allemands a été atteint; la profession de pêcheurs maritimes est développée au point que, partis de 0, ou à peu près, ils sont aujourd'hui près de 7000, montant une flotte de 950 bateaux de pêche.

Il est rare que la création d'une industrie dans un pays n'en provoque immédiatement une ou plusieurs autres. Celle des conserves de poissons suivi' de près; conserves de harengs surtout, dont la mer du Nord est un réservoir inépuisable. Elles s'installèrent à Geestmünde et à Altona, où il y a aussi un port de pêche. Les harengs sont mis en boîtes, avec ou sans tête: dans le premier cas, on les nomme des Bismarck; dans le second, des Bulow. Frondeurs quelquefois les Allemands!

Les têtes n'étant pas comestibles, les Bismarck sont remplacés de plus en plus par les Bulow, qui occupent beaucoup moins de place dans les boîtes.

Mais que faire de toutes ces têtes coupées? Les Allemands ne tardèrent pas à essayer d'en tirer parti: ce que l'homme dédaigne, les plantes savent s'en nourrir; mieux encore, les animaux domestiques ne demandent qu'à le consommer.

Il y a plus: dans la pêche au chalutier, le filet amène, avec les variétés comestibles, une masse de poissons de toutes espèces et de toutes tailles, jusqu'à de véritables monstres, immangeables. On les rejette le plus souvent dans les flots. En Angleterre et en Allemagne on les amène au port, où ils se vendent suivant un cours variable.

Dans des usines appropriées, ils vont rejoindre les têtes de harengs. Ces usines ont été remarquablement perfectionnées, tout dernièrement, afin de tirer la quintessence de ces denrées de rebut.

Une seule usine, près d'Altona, en traite 30 000 kilogrammes par jour. Très nouvellement installée, elle constitue un exemple frappant de l'utilisation, par isolement méthodique, des éléments d'un produit, en laquelle les Allemands sont passés maîtres.

Après avoir été déchiquetés entre des broyeurs armés de dents, ces divers débris sont enlevés par un élévateur et projetés dans un cylindre tournant horizontal où ils sont desséchés, grâce à l'air chaud d'un foyer, appelé par un ventilateur mécanique.

Du côté opposé à celui par où il est entré, le poisson sort complètement desséché et cuit. Tel quel il renferme une proportion de 15 à 30 p. 100 d'huile ou de graisse utilisable par diverses industries. Mais il faut l'extraire et l'isoler. Cette opération s'exécute dans de grandes chaudières fermées où l'on introduit, en même temps que les poissons, de la vapeur d'essence de pétrole. Cette vapeur est un dissolvant de l'huile ou de la graisse; elle pénètre dans les pores de la chair et des os desséchés, s'empare de la matière grasse, forme avec elle un liquide assez fluide pour couler dans le fond de la chaudière où on le recueille. L'élimination de l'essence qui entre dans ce mélange et sa remise en circulation sont des plus simples. La séparation est faite. D'un côté la chair, os et arêtes des poissons et de l'autre, l'huile recueillie dans des fûts. Chair et os sont passés dans un moulin et réduits en farine alimentaire qui ira engraisser des porcs. Le bénéfice de cette opération toute nouvelle et encore inconnue ailleurs qu'en Allemagne, est considérable.

Pour faire disparaître la mauvaise odeur qui se dégage pendant la dessiccation du poisson, et que les comités d'hygiène n'eussent pas tolérée, on a recours à un procédé extrêmement ingénieux. L'usine repose sur un sol éminemment sablonneux. Autour de l'établissement on a creusé dans ce sol, à une faible profondeur, un réseau complet de canaux sur lesquels se branchent des canalicules, le tout en briques poreuses et ajourées, laissant communiquer l'intérieur de ces conduits avec le sable environnant. Cette façon de drainage à rebours a, sur une surface d'un hectare, plusieurs kilomètres de développement. Les gaz et vapeurs nauséabonds qui s'échappent du séchoir sont refoulés dans les canaux par un ventilateur; les odeurs sont absorbées par le sol et les gaz désodorisés filtrent au travers du sable et se dégagent dans l'atmosphère.

L'importance qu'a prise subitement cette industrie et le développement croissant des pêcheries seront un appoint précieux pour la nourriture de l'homme et des animaux dans les pays comme l'Allemagne, l'Angleterre, le Japon, la Belgique, où le surpeuplement met constamment les économistes aux prises avec le problème de l'alimentation.

Un pêcheur allemand me disait: « J'estime qu'il y a dans le développement mondial des grandes pêcheries un avenir fécond; je me souviens d'une proposition qui s'étalait en tête d'un livre sur la pêche, un livre français déjà vieux, mais rempli d'idées et de principes excellents à suivre, même aujourd'hui; en France vous êtes des précurseurs, mais vous ne suivez point vos idées; l'auteur prophétisait que « la mer nourrira la terre ». « C'est vrai, car pour qui a étudié les océans, la masse des êtres qui les habitent est inépuisable; et c'est rassurant, car rien ne nous permet d'affirmer que la race humaine s'accroissant rapidement depuis un siècle, grâce à la civilisation, trouvera toujours sur les continents des sources suffisantes d'alimentation. Nous, Allemands, vous donnons l'exemple d'un procédé avec lequel nous pouvons augmenter presque indéfiniment le nombre des animaux dont nous faisons notre nourriture. Cet exemple sera suivi, n'en doutez pas... »

Le gouvernement allemand, avec son impeccable clairvoyance, favorise, par tous les moyens, la production nationale, surtout la production alimentaire. J'en connais, non loin de France, un récent et étonnant exemple.

La truite est, en Allemagne, l'objet d'un élevage

quasi industriel. Dieu sait si nos pêcheurs français s'en préoccupent! Perpétuellement ils demandent l'augmentation des droits pour se soustraire à cette redoutable concurrence.

Or, un Lorrain annexé, éleveur de truites dans le bassin de la Sarre, se mit un jour en tête de détourner une partie de cette rivière dans ses viviers pour les alimenter d'eau courante. Il démontra à l'administration allemande que, moyennant cette condition, il augmenterait, dans des proportions énormes, sa production. Et l'autorisation lui fut accordée — si extraordinaire que cela paraisse — de faire passer la rivière dans sa propriété. Personne, d'ailleurs, n'en est lésé et l'heureux concessionnaire s'en fait des rentes superbes, dont ladite administration touche une part nullement négligeable par l'impôt sur le revenu.

A tout sujet allemand, l'Etat tient virtuellement le langage suivant:

« Je vous invite à faire du commerce et de la production; je vous y encourage même par tous les moyens en mon pouvoir, par l'instruction que je vous donne, par la perfection de mes services, la facilité des communications, par la sécurité que je vous assure; donc, installez-vous et marchez sans crainte; mais le jour où vous gagnerez de l'argent, j'entends que vous le partagiez avec moi, qui vous y aurai puissamment aidé. »

Telle est la théorie de l'impôt sur le revenu. Les Allemands l'acceptent sans se plaindre; mais lorsque les années sont dures comme récemment, on constate des déficits budgétaires de 600 ou 700 millions et c'est alors que les difficultés surgissent.

Ces difficultés ne sont pas pour décourager les Allemands, résolus qu'ils sont à redoubler d'efforts, d'activité et d'audace.

Au commencement de 1909, le chancelier de Bulow, dans un discours sur la crise financière et fiscale, recommandait à ses compatriotes d'imiter les Français en faisant des économies. L'opinion publique considéra ces paroles comme un conseil à la France de continuer à thésauriser pendant que les Allemands feraient des affaires, au besoin avec l'épargne française. Quant aux économies, le *Tagblatt* de Berlin dans un article de tête du 23 janvier 1909 intitulé « La Vieille Economie prussienne! » raisonnait ainsi:

« Des économies paralyseraient la production; et avec quoi ferions-nous vivre nos millions d'ouvriers et de techniciens? Il faut savoir distinguer entre les dépenses profitables et les inutiles, entre celles qui développent le commerce et celles qui enterrent des fonds de roulement précieux. Même les frais somptuaires ne doivent être réduits que s'ils s'alimentent à des sources étrangères; mais s'ils sont réalisés par le travail et les produits nationaux, ils ne sont pas somptuaires, mais utiles et il les faut continuer. »

L'Allemagne est surtout riche en outillage, et l'outillage ne rend que si on l'occupe; or, pour cela il faut travailler sans relâche. Et tout le monde constate que du haut en bas de l'échelle, les Allemands travaillent de plus en plus.

A l'extérieur, en même temps, l'activité germanique redouble et son expansion s'accroît, irrésistible. On laisserait de l'Allemagne contemporaine une idée incomplète si l'on ne signalait cette mainmise par elle dans le monde entier sur la plupart des foyers d'exploitations que l'avenir réserve à la production future.

Ses pionniers, ses prospecteurs, ses informateurs d'ordre politique et économique se répandent en tous lieux; ils recherchent, étudient, calculent, intriguent, obtiennent des concessions sous l'égide d'agents consulaires d'une invincible opiniâtreté, et leurs efforts sont suivis avec sollicitude par la mère patrie.

Les sociétés financières et industrielles, les Krupp, les Thyssen, les Siemens et Halske, les Badische Anilin sont prêts à les mettre en valeur.

Ainsi, un grand nombre d'îlots océaniques inhabités, ayant été reconnus riches en phosphates naturels, l'Allemagne va les exploiter. En Norvège existent, comme on sait, des chutes d'eau nombreuses et puissantes, utilisables notamment à la fabrication de produits artificiels succédanés du salpêtre chilien, le nitrate de chaux et la cyanamine; 100 000 chevaux ont déjà été aménagés par des capitalistes indigènes ou français et anglais; presque tout le reste, plus de 500 000 chevaux, viennent d'être accaparés par le groupe de la Badische Anilin und Soda Fabrik. Au Brésil, tous les sables *monazites*, où gisent les métaux rares, thorium, uranium, zircone, lanthane, nécessaires aux nouvelles lampes électriques, sont concédés à des compagnies allemandes. D'ailleurs, dans ce pays qui est actuellement le coin du monde dont l'avenir est le plus escompté, les Allemands affluent.

Lubeck, non contente d'être l'entrepôt continental des bois du Nord a résolu de devenir un grand centre métallurgique. Une société s'y est assuré la possession de toutes les mines de fer découvertes dans les pays scandinaves; initiative grosse d'incalculables conséquences au moment où toute la sidérurgie européenne se préoccupe de l'épuisement prochain des minerais ferrugineux actuellement exploités. Se mettant immédiatement à l'œuvre, cette société a créé, en pleine crise métallurgique, pour 15 millions de hauts fourneaux dans la banlieue de Lubeck.

Francfort-sur-le-Mein dépense, à l'heure actuelle, 90 millions pour construire, en pleine campagne, en aval de la ville, un port fluvial, destiné uniquement à attirer des créations industrielles. Thyssen a acheté cette année même de vastes gisements de minerai ferrugineux dans la Manche.

Et il en est de même partout.

Le chemin de fer d'Asie Mineure au golfe Persique se poursuit coûte que coûte. Dernièrement, le gouvernement prussien traitait avec une grande aciérie du Rheinland un lot de rails à 16 marks les 100 kilogrammes pour ses chemins de fer, à la condition que la même firme en fournirait à 14 marks au railway d'Anatolie. Enfin, c'est un chemin de fer allemand actuellement en construction, qui arrivera le premier, au centre de l'Afrique, sur les bords du lac Tchad.

Aucune parcelle du globe terrestre n'échappe à ces fructueuses investigations, à cette initiative résolue et la coordination de toutes les énergies nationales décuple leur puissance.

L'année 1908 a marqué un temps d'arrêt; 1909 fut une période de recueillement et de réparations, mais 1910 a vu reparaître la marche en avant à une terrifiante allure.

Les peuples qui vivent ramassés sur eux-mêmes dans la contemplation d'un passé glorieux, la quiétude de richesses accumulées ou les anxiétés d'un présent chargé de nuages, ne se doutent pas de l'état d'infériorité irrémédiable et définitive que leur inertie leur prépare.

CHAPITRE XX

Quel Avenir?

Les difficultés financières. — L'argent et l'outillage. — La consommation intérieure et l'exportation. — A coups de canon. — Le péril jaune. — Le socialisme. — L'effort national.

Au lecteur, j'ai fait parcourir l'Allemagne à la façon d'un guide qui, dans un musée touffu, conduit le visiteur hâtif droit aux œuvres les plus magistrales et les plus nouvelles, bien que toutes les pièces exposées soient dignes d'attention et méritent de le faire réfléchir.

On peut se demander si ce pays qui brille d'un incomparable éclat a dépassé son apogée ou s'il marche vers un horizon miraculeux de succès et de prospérité?

Les augures à cette question répondent de façons très diverses.

Ceux qui ne croient qu'à la puissance de l'argent déclarent que l'Allemagne ne possède point assez de ressources pour soutenir une telle allure et que les nations plus riches qu'elle en auront raison; déjà ils ont vu quelques crises justifier leurs pronostics.

Seulement ils oublient certain précepte moderne

« Toute fortune qui ne repose que sur le seul capital est bientôt dissipée. » De plus, l'outillage et le travail ne sont-ils pas eux aussi de la richesse?

Qu'on me permette, à ce propos, une digression qui n'est point une fable.

Un jour des capitalistes introduisirent à Paris un service de transports en commun inédit. Experts en ce métier, ils gagnèrent longtemps beaucoup d'argent, distribuèrent de larges dividendes, amassèrent une grosse réserve. Ce durant on se garda de toucher au matériel. Il fonctionnait bien, faisait des recettes, que pouvait-on lui demander de plus? On le réparait, quand besoin était, mais sans rien y changer, comme Janot à son couteau.

Longtemps on n'aperçut à l'horizon aucune concurrence; à peine une velléité que l'on étouffa rapidement sans toucher à la fameuse réserve, ce qui semblait le comble de la sagesse.

Ainsi arriva-t-on à la veille d'une exposition universelle, avec les mêmes unités qu'au début, pas une de plus, pas une de moins, les mêmes administrateurs aussi, dont les cheveux avaient blanchi: lorsque apparurent des trouble-fête. Un groupe de jeunes habiles et hardis lança une affaire concurrente. Son capital était mince, mais ses appareils de transport confortables, rapides, pourvus de tous les progrès réalisés depuis vingt ans. Tout d'abord, les premiers occupants les regardèrent sans inquiétude; assis sur leurs puissantes réserves, ils guettaient le moment de racheter ce beau matériel en liquidation.

Un léger nuage cependant troublait leur azur: le public prenait goût aux nouveaux véhicules; curiosité, engouement passager, pensaient les optimistes vieillards. Mais quand il fut bien démontré que malgré d'impuissants efforts, les champions anciens se faisaient battre d'un quart d'heure par les nouveaux sur la traversée de Paris, alors, presque tous les voyageurs changèrent de compagnie.

Que faire? Construire sans retard, à l'aide des fameuses réserves, un nouveau matériel? On y songea, mais trop tard:

« Rien ne sert de courir, il faut partir à point. »

Les constructeurs demandaient des mois et des mois, et, dans l'intervalle, on perdait ce qu'on voulait sur l'exploitation, tandis que la jeune société, loin de se ruiner, prospérait. On prit le meilleur parti: s'aboucher avec elle; et des deux affaires on n'en fit qu'une Mais à quelles conditions? Hélas, à égalité! Si bien qu'une partie de la précieuse réserve passa d'emblée et sans coup férir, aux nouveaux venus.

Alors que le capital croit réaliser à bon compte l'outillage, l'outillage, quand il est bon, s'empare, à peu de frais, du capital.

Sans doute l'Allemagne raisonne ainsi. Mais sur sa route se dressent bien des obstacles. Son formidable lancement de production et d'affaires a deux exutoires: la consommation intérieure et l'exportation.

La consommation intérieure a été jusqu'ici énorme; il s'agissait de transformer tout un pays. L'outillage appelait l'outillage; les constructions neuves pleuvaient; des usines étaient nécessaires partout. Ce mouvement se maintiendra-t-il?

Qu'on le compare à l'automobilisme. Eux aussi, les constructeurs d'automobiles se sont trouvés en présence de masses d'acheteurs impatients d'être servis tous à la fois. Ils agrandirent leurs ateliers comme si cette demande intensive devait toujours durer;

HAMBOURG. — Les magasins généraux. (Cliché Kuhn.)

Mais le jour arriva vite où la majorité des automobilisants se trouvèrent pourvus, où il n'y eut plus à servir que les retardataires, heureusement, encore légion, et pour les autres, comme l'on dit, à entretenir le plein. Il y a ralentissement, tassement

Ainsi en doit-il arriver de la consommation intérieure allemande. On a construit 780 grues dans le port de Hambourg depuis vingt-cinq ans, en faudra-t-il autant dans les vingt-cinq années qui vont suivre?

Reste l'exportation, pour laquelle l'Allemagne est merveilleusement organisée avec ses commis voyageurs innombrables, ses navires qui vont partout et le bas prix de ses productions. Ici, j'entrevois d'autres dangers.

Tout d'abord, les nations qu'elle fournit perfectionneront, à leur tour, leurs procédés. Ces étudiants étrangers qui pullulent à Berlin, à Leipzig, à Munich deviendront, chez eux, les propagateurs des méthodes allemandes. S'ils appartiennent à des peuples vieillis, paresseux ou détraqués, le péril est minime, parce que, rentrés dans leurs foyers, ils reprendront vite les petites habitudes de leur pays; comme tel élève turc que j'ai connu à l'Ecole centrale, studieux et intelligent, et qu'on revoyait dix ans après à Constantinople, vivant dans un harem et fumant de longs chibouks, accroupi sur des coussins de soie. Mais, si ces étudiants appartiennent à des peuples énergiques, anglo-saxons, néerlandais, scandinaves ou japonais, ce sont de jeunes serpents que l'Allemagne réchauffe dans son sein.

De plus, les Allemands eux-mêmes contribuent à vulgariser la science industrielle; ils n'exportent pas seulement des produits, mais aussi des procédés et de l'outillage que leurs propres ingénieurs vont installer au loin, opérations momentanément lucratives sans doute, mais qui rappellent assez celle du paysan tuant sa poule aux œufs d'or.

Un jour, après avoir parcouru quelques kilomètres de ces quais de Hambourg, où sont entassées des marchandises que cent cinquante lignes de navigation vont disperser sur toute la terre, je causais avec un exportateur et lui posais, entre autres, cette question :

— Comment parvenez-vous à vous faire payer de ces destinataires exotiques dont le crédit est douteux et la bonne foi incertaine?

Je reçus cette réponse plutôt persiflante :

— Ils nous payent avec l'argent que vous leur prêtez.

— Fort bien; mais alors reconnaissez que vous et nous sommes des imprudents; car parmi ces montagnes d'objets prêts à partir, j'ai vu à la fois des marchandises de consommation et des outils servant à les fabriquer; ceci tuera cela.

— Nous saurons toujours les produire meilleur marché que ceux qui nous les achètent, répliqua-t-il avec assurance.

Certainement, l'Allemagne d'aujourd'hui ne redoute aucun producteur comme concurrent; sa conviction est faite. De plus, elle appuie son édifice industriel sur deux compagnies d'assurances dont les primes sont exorbitamment chères, mais la solidité à toute épreuve : son armée et sa marine. Seulement, en résulte-t-il qu'elle puisse imposer au monde entier ses marchandises? Ne verrons-nous pas un peu partout les douaniers entrer en scène? Les autres nations protégeront leurs industries vieillies ou naissantes contre la puissante Allemagne. Déjà l'Angleterre nous en offre l'exemple avec sa loi sur les brevets étrangers. Cet exemple suivi et dépassé partout serait un blocus mondial. Faudra-t-il le percer à coups de canon? Cruelle, mais nullement invraisemblable hypothèse.

Une autre hypothèse moins sinistre et que l'Allemagne envisage avec un espoir acharné est le réveil de la Chine. Il y a là-bas 400 millions de gens qui s'habillent avec des robes et à qui il faudra des complets. L'Allemagne voudrait bien fournir tous ces complets; mais l'Angleterre également, les Etats-Unis de même et aussi le Japon, sans compter que les Chinois auront vite appris à en fabriquer — et très bon marché — non seulement pour eux, mais aussi pour les autres.

Le Péril jaune! Le voilà le péril jaune si souvent signalé par Guillaume II, dont on peut contester l'habileté diplomatique, mais non la clairvoyance aiguë et lointaine. Il sait, et tous les Allemands savent non moins, que l'empire romain fut détruit par des envahisseurs partis de l'Orient. Et toute la question est de pronostiquer si ces Jaunes resteront, comme jusqu'à présent, des imitateurs avisés ou deviendront des initiatifs féconds.

Un dernier danger, intérieur celui-là, est le socialisme. Quel est son avenir? Quelle sera son orientation? Est-il destiné à triompher ou restera-t-il un parti nombreux, mais impuissant, grâce à la froide énergie de ses adversaires? Autant de question auxquelles nul ne peut répondre. Ce qui me semble certain, c'est que, si ses principes s'imposent jamais, la force du pays en sera amoindrie, ses partisans les plus sincères ne pouvant nier que l'idée collectiviste diminue la personnalité humaine; or, la grandeur d'un peuple n'est pas faite de la puissance aveugle de la masse, mais de la somme des énergies individuelles, encore que disciplinées, de chaque citoyen.

Un pays, où l'Etat jaloux d'augmenter sans cesse sa toute-puissance, s'efforce d'accaparer les services et les affaires, bâtit au collectivisme un palais qu'il trouvera tout meublé et où il s'installera en maître et en dévastateur; et je vois souvent par la pensée l'œuvre titanesque de l'Allemagne s'envolant en poussière au souffle d'un socialisme d'autant plus redoutable qu'il se croit une émanation de la science. Quoi qu'il en soit, vraisemblable ou chimérique, cette éventualité n'est pas prochaine.

Telles sont les difficultés qui assombrissent l'horizon de l'empire allemand; nous les voyons nettement et devons, sans exagération, les déclarer inquiétantes. Seulement la contre-partie nous échappe; car nous ignorons avec quelle intensité d'action elles seront abordées. L'événement seul dira de quoi est capable un peuple pourvu des qualités qui distinguent l'Allemagne contemporaine : l'amour de la science, — le travail soutenu, — la confiance en soi-même ,— l'initiative hardie, — l'esprit d'organisation, — la discipline.

TABLE DES MATIÈRES

CHAPITRE X

Les Sels de potasse de Stassfurt

CHAPITRE XI

L'Agriculture

CHAPITRE XII

Berlin

CHAPITRE XIII

Berlin (*suite*)

Pages.

CHAPITRE XVIII

« L'Avenir est sur l'eau » (*suite*)

CHAPITRE XIX

« L'Avenir est sur l'eau » (*suite*)

CHAPITRE XX

Quel Avenir ?

IMPRIMERIE DE J. DUMOULIN, A PARIS — 57317

www.ingramcontent.com/pod-product-compliance
Ingram Content Group UK Ltd.
Pitfield, Milton Keynes, MK11 3LW, UK
UKHW020435200726
13857UKWH00002B/430